本书是教育部战略研究基地(培育):东北大学科技政策中心的阶段性研究成果

本书由教育部哲学社会科学研究重大课题"中国社会转型中的政府治理模式研究"(08JZD0018)资助

·东北大学公共管理博士文库·

中国政府高技术产业管理创新

On the Governmental Innovation of High-tech Industries Regulation in China

李 丹 著

By Li Dan

东北大学出版社

·沈 阳·

图书在版编目（CIP）数据

中国政府高技术产业管理创新 ∕ 李丹著.—沈阳：东北大学出版社，2012.3
（东北大学公共管理博士文库）
ISBN 978-7-5517-0123-5

Ⅰ.①中… Ⅱ.①李… Ⅲ.①高技术产业—产业发展—研究—中国
Ⅳ.①F279.244.4

中国版本图书馆 CIP 数据核字（2012）第 038853 号

出 版 者：东北大学出版社
　　　　　地址：沈阳市和平区文化路 3 号巷 11 号
　　　　　邮编：110004
　　　　　电话：024—83687331（市场部）　83680267（社务室）
　　　　　传真：024—83680180（市场部）　83680265（社务室）
　　　　　E-mail：neuph @ neupress.com
　　　　　http：∕∕ www.neupress.com
印 刷 者：沈阳市第二市政建设工程公司印刷厂
发 行 者：东北大学出版社
幅面尺寸：170mm×228mm
印　　张：12.25
字　　数：180 千字
出版时间：2012 年 3 月第 1 版
印刷时间：2012 年 3 月第 1 次印刷
责任编辑：谭　冲　孙　锋　王艺霏　　　　责任校对：伯　言
封面设计：唯　美　　　　　　　　　　　　责任出版：唐敏智

ISBN 978-7-5517-0123-5　　　　　　　　　　定　价：25.00 元

东北大学公共管理博士文库编委会

总　序

　　作为东北大学公共管理学科建设与研究的重要成果，"公共管理博士文库"在多方努力下终于付梓出版了。在这批著作面世之际，回顾东北大学公共管理学科的发展历程，不禁心生感慨。

　　东北大学公共管理学科始建于 1988 年。建设伊始，本学科就确立了"立足理工基础，办有理工特色的社会主义新文科"的发展战略。二十多年来，我本人和公共管理系的诸位同事对教学科研及人才培养倾注了大量心血，取得了一定的成绩，走出了一条以学科建设为主线，科研与教学互促增长的跨越式发展道路。自 2003 年设立行政管理博士学位授权点，尤其是 2005 年设立公共管理一级学科博士点以来，我们先后获得国家精品课、国家教学成果一等奖等多项国家级教学奖励，以及几十项国家、省、市科研课题，出现了一大批理论与应用性成果。这一过程充满了苦辣艰辛，也充满了奋斗的激情和喜悦。

　　东北大学公共管理学科博士生的培养是以 1994 年科学技术哲学博士学位授权点为基础设立的科技政策研究方向为开端的，因此本学科的第一批博士著作主要集中收录于 2004 年启动的"科技政策博士文库"。近五年来，东北大学公共管理学科发展迅速，变化日新月异。为更好地体现本学科的理论创新，我们决定启动"公共管理博士文库"的建设工程。出版这个文库的目的，一方面是为了保存和交流研究成果，经受社会检验，鼓励学术研究；另一方面也是为了促进博士生教育的制度化，组织学术队伍，推进学科建设。该文库既注重公共管理研究的学术性，诠释分析复杂的公共管理问题，又强调结合公共管理实务，为政府提供可能的政策建议。

进入 21 世纪以来，中国的公共管理研究承载着前所未有的历史重任。在此重大社会转型期，党和人民期望我国的公共管理理论研究能够为我国的政府改革、公共服务体系建设以及国家现代化建设提供科学的管理理念、思想和方法。这要求我们本着高度的政治责任感和严谨的学术态度去谦逊地投身实际，深入探索、研究及解决错综复杂的实际问题，要求我们根据复杂的公共管理实践开发更为复杂且更为实际有效的公共管理理论。改革开放三十年来，西方大量公共管理理论被引入到中国，极大地促进了我国公共管理学科的高速发展，但同时必须认识到西方国家的政治体制、社会结构、公民社会成熟度等公共管理环境与我国存在着巨大差别。因此，必须注重西方理论在引入过程中的批判性和选择性，必须尽快实现公共管理理论的本土化建构，这是摆在全国学术同仁和学子面前亟待解决的重大问题。在这一艰巨的历史重任面前，东北大学公共管理系全体同仁将勇于担当、满腔热情并全力以赴，但我们只是对现在能否做得更好而心怀忐忑。

东北大学"公共管理博士文库"的出版是我校公共管理学

科建设与研究历程中的一件大事，是导师与博士生们多年辛勤工作、笔耕不辍的一次成果展示。毫无疑问，这些研究成果仅仅是刚刚经过初步雕琢的璞玉，一定会存在不少缺点和不完善的地方，每一本书的著作者限于知识结构和对问题理解深度的局限性，所提出的一些理论观点都值得进一步商榷。但是，正因为有问题、有缺点，才会激发后来者继续为之努力。聚沙成塔，集腋成裘。我们深信，东北大学公共管理研究的明天会更美好，我们所出版的文库著作的质量和水平也会逐步提高。

　　我们还要感谢东北大学出版社的领导和编辑们对出版"公共管理博士文库"的大力支持和辛苦工作，同时也恳请各位学界同仁不吝赐教，多提宝贵意见。

姜成武

2009 年 12 月于沈阳南湖

摘　要

当今，全球范围内高技术及其产业的迅速发展，有力地推动了世界经济发展和人类社会进步。建立在知识和技术创新基础之上的高技术产业日益成为提高一国国际竞争力的关键因素。研究探讨我国政府高技术产业管理创新，对于提高政府能力并促进高技术产业发展具有重要的理论价值和现实意义。

公共物品理论、国家创新体系理论、政府管理创新理论、产业生命周期理论和后发优势理论可以作为研究政府高技术产业管理创新的理论基础。政府高技术产业管理职能可以从静态和动态两个角度进行分析。从静态角度分析，政府高技术产业管理职能包括要素配置的调节职能、需求调节和政策优惠职能、战略规划和组织协调职能、对高技术企业的孵化职能、法律制度的供给职能、政府高技术产业管理的"经济、科技、教育一体化"职能和国家经济安全保障职能。从动态角度分析，在高技术产业的新生期、成长期、成熟期和衰退期，政府职能应当根据产业发展阶段的特点及需求而各有侧重。高技术产业的不确定性、发展的周期性以及市场机制的缺陷、世界高技术产业发展的新形势和高技术产业在国际竞争中的重要地位都要求政府在高技术产业管理过程中不断创新。政府通过管理创新，以必要的手段影响高技术产业发展所要达到的最终目标不仅应当包括克服市场失灵，还应当包括克服政府失灵。在克服两个"失灵"的基础上实现提高两种"竞争力"，即政府高技术产业管理竞争力和高技术产业竞争力。当前，我国政府的高技术产业管理存在着政府高技术产业管理错位、相关政策不完善、相关法律法规不健全、资源配置效率不高等问题。西方政府高技术产业管理的成功经验，为我国政府实现政府管理创新提供了重要的参考。我国政府应当通过创新高技术产业管理理念、创新高技术产业管理体系、创新高技术产业管理手段和建设高素质的高技术产业管理人才队伍等措施，实现政府高技术产业管理创新，提高我国政府高技术产业管理竞争力和高技术产业的国际竞争力。高技术产业发展中政府与市场的关系、高技术产业发展中政府职能的动态调整及政府高技术产业政策体系是值得进一步探讨的问题。高技术产业的竞争特点、技术全球化对政府高技术产业管理提出了新的挑战，这也使研究政府高技术产业管理创新成为一个长期的任务。

Abstract

Nowadays, the rapid development of high-tech and high-tech industries has impelled the economy development and society progress strongly. The high-tech industries which base on the knowledge and technology innovation have become the key factor to improve one country's international competition. So to study and probe into the governmental administration innovation of high-tech in our country is of important theory value and practical significance.

The theory foundation of studying governmental administration innovation of high-tech industries includes public goods theory, national innovation system theory, governmental administration innovation theory, industry life cycle theory and theory. We can analysis the governmental administration functions of high-tech industries from two angles which are static angle and dynamic angle. From the static angle, the governmental administration functions of high-tech industries include regulating function of collocating factors, regulating demand and giving policy favor function, supplying laws and institutions function, the function of integrating "economy, science & technology, education" and the function of guaranteeing national economic safety. From the dynamic angle, the governmental functions should have different emphases according to the characteristics and demands in different developing phases of high-tech industries which include new-birthing period, growing period, mature period and declining period. The uncertainty and periodicity of high-industries, the limitation of market mechanism, and the new developing position of high-tech industries all over the world and the important status of high-tech industries in international competition all demand the governmental administration innovation of high-tech industries. The final goal of governmental administration innovation and impacting the development of high-tech industries with necessary means not only include to conquer the market failure, but also include to conquer the government failure, and then to improve two kinds of competitions, which are the competition of governmental administration of high-tech industries and the competition of high-tech industries. Nowadays, there are some problems in the governmental administration of high-tech industries in China, which are the governmental faulty taking role, the corresponding policies are not perfect, the corresponding laws and regulations are not of integrity, the resource collocating is inefficient. The successful experiences of westward governments have supplied important reference for China's government to realize governmental administration innovation. China's government can improve the competition of governmental administration of high-tech industries and the competition of high-tech industries by innovating the high-tech industries administrational conception, system and means and training high-quality persons with ability of high-tech industries administration. The relationship between government and market, the dynamic adjustment of government functions during the course of high-tech industries developing and the high-tech industries policy system are the problems worthy of discussing more. The competitive characters of high-tech industries, the globalization of technology bring forward new challenges to governmental administration, this make the study of governmental innovation of high-tech industries regulation a long-term mission.

目　　录

中国政府高技术产业管理创新

第1章　绪　论

1.1　问题的提出及研究意义

1.1.1　问题的提出

第二次世界大战后历时四十多年的"冷战"时期，世界各国尤其是美苏两个超级大国在高技术领域展开了激烈的竞赛，从人造卫星到宇宙飞船以及其他高技术武器成为双方竞相研究的领域。20世纪后期"冷战"结束后，军备竞赛告一段落，但高技术的竞争却一刻也没有停止过。伴随着一系列重大科学发现和技术发明，以信息技术产业和生物技术产业为代表的高技术产业迅速崛起，已经成为世界经济增长的主要推动力量。世界经济在表现出日益全球化的同时，也表现出知识化、技术化等重要趋势。高技术及其产业的国际竞争力已成为各国综合国力竞争的关键因素。因此，发达国家以及越来越多的发展中国家都把促进高技术及其产业发展作为国家经济发展的战略重点。大多数发达国家为保持其领先地位，积极夺取高技术制高点。1986年，美国商务部的一份报告指出，高技术的优势地位保证了美国在世界政治和经济中的领先地位。失去这种优势地位，有可能给美国的经济、政治和国家安全造成无法估量的影响[1]。许多发展中国家为了在激烈的国际竞争中争得自己的生存空间，缩小与发达国家的差距，也在不遗余力地发展高技术产业，把促进高技术产业化作为优化经济结构、提高综合国力、赶超发达国家的核心。泰国为促进高技术产业特别是信息产业的发展，将发展信息产业列入了2002—2006年国民经济与社会发展五年计划，并成立了信息技术与通信部和以总理他信为首的国家信息科技委员会，统一规划本国信息产业的发展[2]。在世界高技术产业快速发展的同时，基于其在促进经济增长、增强综合国力、提高国际竞争力等方面的重要地位及作用，政府高技术产业管理职能也正在日益得到关注。1996 年 5 月西方七国首脑会议确定，由欧盟部长理事会支持召开的"在以知识为基础的经济中产业的竞争力——政府的新作用"研讨会，探讨了在目前这种高技术创新经济发展模式中的政府职能及其政策问题。这表明，有效发挥政府高技术产业管理职能十分重要。前世界银行行长詹姆斯·D·沃尔芬森指出："政府作用的问题无论在发展中国家还是在工业国家的日程上都是首要问题之一。"[3]

中国高技术发展若从 20 世纪 50 年代开始研制"两弹一星"算起，迄今已有五十多年历史，但早期的高技术研究和开发仅限于军事领域，很少用于民品，更没有形成商品进而形成产业。改革开放以后，我国确立了以经济建设为中心的方针，高技术的产业化和发展高技术产业才被提到议事日程上来。经过几十年的发展，我国的高技术产业已经取得了较大的成就，呈现出良好的发展态势。高技术产业的规模迅速扩大，在促进我国产业结构调整、传统产业升级改造方面发挥了重要的作用。高技术产业竞争力有所增强，掌握了一批关键核心技术，如载人航天技术、世界一流的具有完全自主知识产权的高速铁路 CTCS - 3 级列控技术、以龙芯为代表的芯片技术，等等。我国电子信息产业成为国民经济的第一大支柱产业，2004 年全行业实现销售收入 2.5 万亿元，同比增长 33％[4]。

我国的高技术产业虽然取得了较大的成就，但仍然存在一些亟待解决的问题。

从国内来看，各地区高技术产业发展很不平衡。发达地区尤其是沿海地区高技术产业起步较早，正进行着经济结构的升级，从低附加值的劳动密集产业为主转变为以高附加值的知识密集型产业为主；而落后地区的高技术产业起步较晚，很难在短期内改变经济结构低级化的局面。从国际来看，我国的高技术产业与发达国家相比差距依然很大，特别是全员劳动生产率①和产业增加值率②的差距非常明显。在全员劳动生产率方面，2003 年，中国高技术产业劳动生产率为 1.27 万美元／（人·年），2000 年美国高技术产业劳动生产率为 11.7 万美元／（人·年）；2001 年日本、德国、法国和意大利的高技术产业劳动生产率分别为 8.98 万美元／（人·年）、5.26 万美元／（人·年）、7.48 万美元／（人·年）和 5.47 万美元／（人·年）。中国高技术产业劳动生产率约为美国的 1/10～1/9；约为日本、德国、法国和意大利最低水平的 1/5～1/4。在产业增加值率方面，2003 年中国高技术产业增加值率为 24.5%，2000 年美国、英国和加拿大高技术产业增加值率分别高达 42.6%、35.8% 和 34.4%。2001 年意大利、德国和日本高技术产业增加值率分别为 40.5%、35.8% 和 36.4%，均远高于中国的水平[5]。此外，中国高技术产业的创新能力不足，在国际高技术产业链中的分工和利益分配地位不高，在国际市场上的占有率较低。

从现实情况来看，目前以及今后一段时期，中国高技术产业发展还面临着一系列挑战，这些挑战主要表现在以下几个方面的矛盾：第一，贸易自由化与技术保护主义的矛盾。防止尖端高技术及其产品流向国外是发达国家，尤其是美国的一贯战略，美国即使对其第二次世界大战后的主要盟友之一的日本也是如此。中国应该重视这个问题并进行深入研究，从而确定高技术及其产业发展战略；第二，产品结构与需求结构的矛盾。我国高技术产业的发展，不能仅仅面对国内市场，还必须面对世界市场，在国际上进行竞争，只有在国际上具有竞争力才是真正的竞争力。在总体上，我国的国际贸易处于顺差状态，可是出口产品中属于高技术的并不多，而对于美国等发达国家的高技术贸易基本上处于逆差状态。加入世界贸易组织后，我国高技术产品贸易逆差还会进一步扩大；第三，劳动力供给结构

---

① 全员劳动生产率是指产业工业增加值与同期从业人员平均人数之比，用来反映产业人力投入的经济效益。

② 产业增加值率是指在一定时期内产业增加值占同期产业总产值的比重，用来反映一国产业链的完整程度及其在全球价值链中的地位。

与劳动力需求结构的矛盾。发展高技术产业，必须拥有或造就一支高素质的劳动力队伍。但是目前我国尚未形成有效的留人、用人机制和环境，导致我国高技术产业发展迫切需要的研究、开发、生产和营销人才通过不同的方式大量流失到西方发达国家。

从世界主要发达国家和新兴工业化国家的成功经验来看，政府充分有效地发挥对高技术产业的组织、规划、政策引导功能并在现实的高技术产业管理过程中不断创新，是高技术产业得以持续、快速发展的重要条件之一。如美国政府通过营造适合高技术产业发展的良好环境，支持有市场前景的通用技术和关键技术开发，优先发展对国家有重大意义的高技术项目，利用军事高技术促进民用高技术的发展，促进研究开发成果的商品化等措施[6]；韩国政府在20世纪80年代成立了由总统亲自主持的"科学技术振兴扩大会议"和"尖端技术产业发展审议会"，聘请大量专家研究确定韩国高技术产业的总体发展战略以及各产业的具体范围和发展对策等。当前，我国高技术产业发展尚不充分，并且面临着激烈的国际竞争，在这种情况下，有效地发挥政府作用，实现政府高技术产业管理创新就显得尤为必要。

通过以上分析，我们可以得出这样一个结论，即在当前的国际竞争中，发展高技术产业具有重要的战略意义。在发展高技术产业过程中，政府必须积极地发挥作用，努力实现管理创新。鉴于此，笔者在厘清高技术及高技术产业含义的基础上，以高技术产业在国民经济发展中的重要拉动作用及其在国际竞争中的重要地位为依托，以高技术产业发展的国际国内环境为背景，利用公共物品理论、国家创新体系理论、政府管理创新理论、产业生命周期理论和后发优势理论，结合高技术产业发展各阶段的特点，对政府管理创新的必要性、政府管理创新的目标进行系统分析，充分借鉴国外相关成功经验，构建促进中国高技术产业发展的政府管理创新战略对策体系。

1.1.2 本书研究范围的界定

本书的研究对象是中国大陆的高技术产业，而香港、澳门和台湾都是独立的经济体①，有自己独立的经济活动空间，因而不在本书的研究范围之内。

在我国，人们常把高技术与新技术混在一起，统称为"高新技术"，把高技术与新科学混在一起，统称为"高科技"。本书只讨论有确定意义和范围的高技术。

本书并不试图穷尽与高技术产业有关的宏观与微观的所有层面，而是要在科学界定高技术产业概念、分析高技术产业特点的基础上，从宏观上探讨高技术产业发展过程中的政府管理创新。因此，对于政府在高技术产业各个具体领域中的作用及对策，不属于本书的研究范畴。此外，在关系国家军事安全的国防、军工高技术领域，一般企业很难进入，必须由政府出面组织自主研究开发和产业化工作，政府的作用主要表现在组织和协调全国的资源，集中力量，重点突破，作用比较明显，也比较单一。因此，对于此领域政府管理及其创新的探讨亦不在本书的研究范围之内。

1.1.3　研究意义

第一，高技术具有高风险、高投入、高收益等特点，这些特点使其不仅局限于自然科学的研究范畴，而且扩展和渗透到社会科学的研究领域，涉及经济、政治、文化教育及社会意识形态。在当前自然科学与社会科学日益紧密结合的背景下，高技术及高技术产业与政府管理必然呈现出不同于以往的相互关系。政府管理的有效性在高技术产业发展过程中发挥着不可替代的作用。因此，研究探讨如何通过政府管理创新实现高技术产业的发展无疑具有较强的现实意义。

第二，按照产业生命周期理论，作为一个有机的演进系统，高技术产业符合一般事物的基本规律，存在着发生、发展和衰亡的过程。在高技术产业发展的不同阶段，政府职能定位和管理内容应当随高技术产业的不同阶段和成熟度而发展变化。深入分析高技术产业发展各阶段的特点，并针对这些特点对政府职能定位及管理的侧重点进行动态分析，有益于解决长期困扰

---

① 所谓经济体（economy），指的是一个相对独立的财富生产、分配和消费的系统。

我国政府的"越位""缺位""错位"问题，对于促进政府职能转变，建立快捷反映高技术产业发展需求的高效、合理的政府管理体制具有较高的理论及实践价值。

第三，20 世纪 80 年代以来，在党和国家的高度重视下，我国的高技术产业获得了较大的发展，取得了举世瞩目的成就。但是，当前我国政府在高技术产业管理中还存在一些亟待解决的问题，如政府高技术产业管理错位、相关政策不完善等。分析产生这些问题的原因，并在此基础上研究基于政府管理创新的战略对策，对于促进我国高技术产业的发展以及政府职能的转变无疑具有理论和现实双重意义。

1.2 国内外研究现状

1.2.1 对高技术和高技术产业的界定

1.2.1.1 对高技术的界定

高技术（High-technology）一词最早出现在美国。有学者把 1942 年 12 月 2 日世界上第一座核反应堆在美国开始运行作为高技术诞生的标志[7]。1971 年美国科学院出版的《技术和国际贸易》一书中首次使用了"高技术"这一概念。1981 年，美国出版了《高技术》专业月刊，"高技术"一词开始广泛地流传开来。1982 年 8 月，日本新闻周刊和商业周刊相继发表了"Japan's High-Tech Challenge"和"High-Tech Gateway"专集。1983 年，高技术被收入美国出版的《韦氏第三版新国际辞典增补 9000 词》中，作为一个正式的词确定下来。

20 世纪 80 年代初，高技术概念从国外传入中国，有少量的文献对外国尤其是美国的高技术进行了介绍。英文中的"high-technology"还曾经被翻译成"高度技术"。1986 年 3 月，在著名科学家王大珩、王淦昌、陈芳允、杨嘉墀的倡议下，中央批转了《高技术研究发展计划纲要》（简称"863"计划），组织中国科技队伍向高技术进军。与此同时，"高技术产品""高技术产业""高技术项目"等名词开始在各种传播媒介中频频出现[8]。

到目前为止，国内外还没有公认的、统一的对于"高技术"的定义。各国政府以及不同领域的专家学者，从不同的角度对高技术进行了界定。笔者通过对现有文献资料的分析，发现对高技术的界定主要集中于三个层面：一是技术所处的层次；二是技术的知识密集度；三是技术的经济和社会价值。国内外学者的界定或者涵盖某一方面，或者涵盖某几方面，但基本上反映了高技术的基本特征。

（1）技术层次

从技术层次角度分析高技术的学者一般认为高技术为尖端技术或者新兴、前沿的技术。美国《韦氏第三版新国际辞典增补9000词》一书将高技术解释为"使用或包含尖端方法仪器的用途的技术。"在日本，人们普遍认为高技术是以当代尖端科技和下一步科学技术为基础建立起来的技术群，并常常把高技术称为"尖端技术"。1984年出版的《今日的日本技术》一书指出：尖端技术是指高技术知识密集的技术领域，如半导体、计算机、信息与电讯、办公室自动化、机器人、光学、航天、新材料和生物技术。充分利用这些技术的工业被认为是"尖端技术工业"或"高技术工业[9]"。《中国大百科全书》对高技术的定义是：高技术是一系列新兴的尖端技术的泛称。《哲学大辞典》认为高技术是新技术群[10]。陈凡认为高技术的本质之一是新兴先进技术[11]。王滨认为，高技术是最新技术，是在最新工艺技术基础上而创造出来的[7]。《我国高技术产业分类与发展状况研究》课题组认为，高技术属于新技术或尖端技术[12]。王雨生等人认为，高技术属于前沿技术，它并非指某一单项技术，而是指处于技术和工程前沿的科技群体，具有跨学科的性质[13]。璐羽认为，高技术即高新技术，属于新兴的科学技术[14]。

（2）技术的知识密集度

从知识的密集度分析高技术的学者普遍认为高技术是建立在最新科学研究基础上的技术。美国国会图书馆在为美国第95届国会提供的《科学政策工作词汇汇编》中指出，高技术是指一些比其他技术具有更高科学输入的某些技术创新[9]。美国学者科瑞（D.Crane）指出：应用研究如果同科学有联系，那么它有时被称为高技术；如果没有联系，它就被称为低技术。美国《高技术》杂志1984年第10期题为《高技术与国策特辑》的文章指出："高技术是对知识密集与技术密集这一类产品、产业或企业的通称。"[9]《哲学大辞典》中将高技术定义为基于最新科学成就而创造产生的新技术群[10]。《技术学辞典》认为高技术主要建立在最新科学原理基础上[15]。中国国防科技办公室认为，高技术建立在综合科学研究基础上，处于当代科学前沿[16]。陈凡认为，高技术基于科学理论而产生，知识密集度较高[11]。王滨认为，高技术是一种知识密集的技术，建立在现代自然科学理论基础上[7]。《我国高技术产业分类与发展状况研究》课题组认为，高技术赖以建立的现代科学发现和技术发明具有知识密集度高的特征[12]。王雨生等人认为，高技术是基于科学的发展和创新而产生的，它处于科学的前沿[13]。璐羽认为，构成高技术的主要条件包括知识密集和技术密集[14]。

（3）技术的经济和社会价值

从技术的经济和社会价值角度界定高技术的学者认为高技术可以形成产业，对于国防、经济和社会发展具有重要影响。中国国防科技办公室认为高技术对发展生产力，促进社会文明，增强国防实力起先导作用[16]。陈凡认为，高技术潜在经济效益较大[11]。盛刚认为，高技术对发展经济、促进社会文明、增强国防实力有重大影响，能形成产业[17]。王滨认为，高技术能够为社会带来巨大经济效益和社会效益[7]。《我国高技术产业分类与发展状况研究》课题组认为，高技术对国防和社会经济意义重大，能形成产业。高技术的使用往往带来经济超常规发展甚至是跨越式发展，对发展中国家有着重大意义[12]。

通过以上的文献分析可以看出，国内外学者对于高技术的界定基本上反映了高技术的本质特征，即处于科学研究前沿、知识密集度高、有较高的经济价值等。但是，笔者认为，高技术是一个历史的、动态的、具有地域界限的概念，对于高技术的界定不能仅仅局限于对其普遍性的反映，尤其是对我国高技术的界定，应当考虑时间和空间维度。但从这些文献来看，这方面的分析尚显不足。

1.2.1.2 对于高技术产业的界定

自 20 世纪 70 年代以来，随着高技术产业的发展，高技术产业界定的重要性日趋明显，经济合作与发展组织（OECD）和美国、英国等国家的政府部门及科研机构都在高技术产业界定方面陆续做了大量工作，以便制定国家发展政策，或评价国家和地区在国际贸易中的地位和竞争力。

在我国，1986 年国务院颁布《高技术研究发展计划纲要》（"863"计划）中提及的"高技术产业"与发达国家高技术产业的一般概念相近，也是我国高技术产业的初始概念。此后，根据党的"十三大"提出"注意发展高技术新兴技术产业"的要求和中央对发展高技术新兴产业的部署，原国家科委从 1988 年 7 月开始实施火炬计划。它与"863"计划的一个显著区别是将"高技术产业"延伸为"高技术、新技术产业"，将"高技术产品"延伸为"高技术、新技术产品。"从此，舆论界出现了高技术产业与新技术产业相提并论，称为"高新技术产业"的情况。

根据不同的标准可以将国内外高技术产业定义进行不同分类。根据界定方法可以将高技术产业定义分为定性界定和定量界定；根据界定的角度可以将高技术产业定义分为产业界定和产品界定。还有一类是列举界定，主要是 OECD 的定义。

（1）定性界定与定量界定

① 定性界定。定性界定即根据高技术产业的特征和作用来界定高技术产业。如日本长期信用银行将"那些能节约资源和能源、技术密集程度高、技术创新速度快，且由于增长能力强而能在将来拥有一定市场规模和能对相关产业产生较大波及效果的产业"定义为高技术产业[9]。美国学者纳尔逊（R. Nelson）在《高技术政策的五国比较》一书中指出：所谓高技术产业是指那些以大量投入研究与发展资金，以及迅速的技术进步为主要标志的产业[18]。英国学者戴曼斯叙（D. Dimancescu）在《高技术》杂志上指出：对高技术产业的定义，主要依据两大特点：一是专业技术人员的比重高；二是销售收入中用于研究与发展的投资比例高。这两大特点又反映了一个共同的东西，即知识密集，这是高技术产业的一个必要成分，也是技术持续创新的

必需[9]。徐永昌、张晶等人认为，高技术产业是指那些知识、技术密集度高，发展速度快，具有高附加值和高效益，并具有一定市场规模和对相关产业产生较大波及效果等特征的产业。其中，核心特征是产业的高技术密集度。高技术产业与其他产业相比一般具有很高的技术领先性和技术复杂性。这些产业均是以20世纪50年代以来世界新技术革命所取得的那些具有突破性成果的尖端技术为基础发展起来的新兴产业[19]。刘爱君认为，高技术产业一般指用当代尖端技术，主要是信息技术、生物工程和新材料等生产高技术产品的产业群。具体说，高技术产业系指必须以利用电脑、超大型集成电路等最尖端科技产品为基础，并投入巨额研究发展经费，从事生产的知识、智力密集型产业。一般在使用中高新技术产业与高技术产业常常混用[20]。高技术产业定性界定的标准在不同国家有不同体现，很难统一，因此，此类方法较少采用。

②定量界定。定量界定即利用若干对高技术产业特征最具典型意义的可量化的指标来界定高技术产业。最常用的指标是产业技术密集度。这是因为技术密集度高是高技术产业的本质特征，也是定义高技术产业的基石。虽然，不同时代有不同的高技术产业；不同国家和地区由于发展阶段不同、产业结构各异，也会有不尽一致的高技术产业划分。但产业的产品和工艺都必须具有技术的先进性和复杂性，具有相对"高"的技术含量或技术密集度。

界定高技术产业技术密集度指标主要有两类：一类是产业R&D经费强度，即产业R&D经费支出占产业总产值、增加值等的比重。另一类是产业科技人员、科学家与工程师或熟练工人等占全体职工的比重。许多关于高技术产业的定义都是由上述一个或几个指标的组合来确定的，即将技术密集度明显高于其他行业的那些行业的集合，或高于全部制造业技术密集度平均值数倍的那些行业的集合定义为高技术产业。例如，1971年，美国商务部（DOC）按照"工业标准分类（SITC）"，将研究开发费用在总附加值中所占的比重为10%以上、科学家和工程师在总职工中所占的比重为10%以上的产业，确定为高技术产业[9]。这一方法被称为DOC1。美国劳工部认为符合下述两项条件的产业即是高技术产业：①以全国所有产业平均水平 1.5 倍的比例雇用工程师、生命科学家与物理学家、数学家、工程技术人员或计算机专家；②研究与开发费用为全国平均水平的两倍[21]。美国国立科学财团认为：研究和开发费用在销售额中所占的比重为 3.5% 以上，职工中每 1000 人中有 25 个以上的科学家和高级工程师的产业，即为高技术产业[18]。

R&D 经费强度指标有诸多优越性，因为 R&D 经费在各个国家或产业间能够取得更为一致的定义和统计范围，比较规范，更具通用性。因此，R&D 经费强度是目前界定高技术产业时使用得最为广泛而有效的定量指标。

（2）产业界定与产品界定

按照制定国家政策和评价贸易的不同需要，还可以从界定的切入方式将高技术产业进行产业界定和产品界定。

① 产业界定。产业界定就是采用相对宏观的、直接针对某个产业整体进行描述的指标来界定高技术产业。这是一种近似的、笼统的、简便可行的界定方法。《欧盟科学技术指标报告》把有很高的经济增长率和国际竞争能力，有较大的就业潜力，同时 R&D 投入高于所有部门平均水平的航空航天制造业、化工产品制造业、医药品制造业、汽车及零部件制造业、科学仪器制造业等八大产业作为技术密集型产业或先导产业。在澳大利亚，科学与技术部将高技术产业定义为投入大量研究与开发经费，与科学技术人员联系紧密，产生新产品并且有科学或技术背景企业的产业[9]。克鲁格曼（Paul Krugman）认为，高技术产业可以在概念上定义为知识是企业主要竞争优势来源并且企业将大量资源投入到知识生产之中的产业。从操作层面上，高技术产业通常被定义为超出平均水平的研究与开发支出、超出平均水平的科学家和工程师的雇用，或者两者皆有[22]。杜迪（F.D.Doody）和芒塞（H.B.Muntser）认为，高技术部类可以被定义为是一类体现出高增长率、高额的研究与开发费用、高附加价值、强烈的出口导向和劳务密集（这里专指高技能的劳务）的生产技术公司[9]。Chamey 和 Leones 将高技术产业归纳为六个基本类别：Ⅰ．产品先进性（Product Sophistication）：用这一方法将那些生产高技术产品或服务的产业划分为高技术产业。

Ⅱ．就业增长（Growth in Employment）：该方法将所有增长快于平均水平的产业划分为高技术产业。Ⅲ．研究与开发强度（Research and Development Intensity）：单位销售额的 R&D 支出高于平均水平的产业可以划分为高技术产业。Ⅳ．职业组合（Occupational Mix）：根据职业组合，雇用工程师、科学家比例高的产业可以划分为高技术产业。Ⅴ．技术强度（Technology Intensity）：使用高技术投入的产业被划分为高技术产业。Ⅵ．随意分类（Arbitrary Groupings）：存在着大量根据上述定义组合进行的随意分类[23]。法国经济学家认为，只有当一种产品使用生产线生产，具有高素质劳动力队伍，拥有一定的市场且已形成新分支产业时，才能称其为高技术产业[9]。王雨生等人认为，高技术产业是依靠高技术开发成果进行高技术产品生产服务的产业部门。根据高技术产品的类型可把高技术产业划分为若干领域，每一领域的高技术产业都由生产同一类高技术产品的高技术企业群和管理协调部门按特定方式组成[13]。

②产品界定。产品界定就是依据产品的有关指标，划分高技术产品群，再根据高技术产品群划分高技术产业。例如，20世纪 70 年代末，美国商务部在 DOC1 和"国际标准贸易分类（SITC）"的基础上，确定了高技术产品目录，这一方法被称为DOC2。1982 年，美国商务部在确定高技术产品时，不仅要依据最终产品用于 R&D 支出的多少，还要考虑中间产品用于 R&D的支出，这一方法被称为 DOC3。1989 年以后，美国国情普查局又提出了一种确定先进技术产品（ATP）的方法，即首先列出处于相关领域前沿的先进技术清单，然后对每一种产品逐一审查以确定高技术产品。随着美国商务部所使用的国际贸易分类的变化，目前高技术产品的分类从原来以 SITC 为基础，改为以海关合作理事会制定的"商品名称及编码协调制度（HS）"为基础的进出口商品统计分类。在 DOC3 分类的基础上，又增加了定性分析，对高技术产品进一步筛选。有人主张利用产品的技术复杂度这项指标来界定高技术产业。从理论上讲，产品技术复杂程度是鉴别高技术产业的一个重要指标，所以产品技术复杂程度作为高技术产业的界定标准较为恰当。但这种方法只注重产品，不关心工艺，而产品和工艺又相互密切联系在一起，

有时很难将二者分开。其次，衡量产品技术复杂程度的标准很难量化。目前，研究者均采用专家调查法，凭专家主观判断。所以这种方法易受到调查目的、调查范围乃至调查对象的制约[19]。

（3）列举界定

列举界定是根据一定的标准列举出高技术产业包含的具体产业门类。OECD 对高技术产业的列举界定最具有代表性，据此进行国际比较也较简便，因此得到 OECD 成员国及其他国家的广泛认同。至今，这种方法已被 OECD 使用多年。

1986 年，OECD 根据联合国制定的国际标准产业分类（ISIC），选择 22 个制造业行业，依据 13 个比较典型的成员国（这些国家 R&D 活动之和占 OECD 相应总量的 95% 以上）1979—1981 年间有关数据，通过加权方法（权重采用每个国家产值在总产值中所占份额的数值）计算了这些行业的 R&D 经费强度。最后，将 R&D 经费强度明显高于其他产业的 6 类产业（航空航天制造业、计算机及办公设备制造业、电子及通信设备制造业、医药制造业、专用科学仪器设备制造业和电气机械及设备制造业）定义为高技术产业，详见表 1.1。

表 1.1　　　　　　　　　OECD 界定的 6 类高技术产业

产业名称	ISIC 代码	R&D 经费强度/%
航空航天制造业	3845	22.7
计算机及办公设备制造业	3825	17.5
电子及通信设备制造业	3832	10.4
医药制造业	3522	4.8
专用科学仪器设备制造业	385	4.8
电气机械及设备制造业	383（不包括 3832）	4.4

随着经济发展中知识和技术的急剧增长，各类产业的 R&D 经费强度发生了重大变化。1994 年 OECD 专家将 R&D 强度的数据和计算方法做了进一步调整，重新计算了所选择的 22 个制造业部门的 R&D 经费强度，对高技术产业重新进行了划分。这里，不仅考虑了直接 R&D 经费，也考虑了间接 R&D 经费，选用了 R&D 总经费占工业总产值比重、直接 R&D 经费占工业总

产值比重和直接 R&D 经费占工业增加值比重 3 个指标来定义高技术产业。同时，OECD 根据 10 个更为典型的成员国 1973—1992 年的数据，逐年计算了 ISIC 中 22 个制造业部门的上述 3 项指标。结果表明，原来高技术产业群中的航空航天制造业、计算机及办公设备制造业、电子及通信设备制造业、医药制造业仍属于高技术产业，而专用科学仪器设备制造业和电气机械及设备制造业则由于 R&D 强度已不具备明显高于其他产业的特点，而被划归为中高技术产业[19]，详见表 1.2。

表 1.2　　　　　　　　　OECD 界定的 4 类高技术产业

产业名称	ISIC 代码	1990 年数据			1980 年数据		
		A	B	C	A	B	C
航空航天制造业	3845	17.3	15.0	36.3	16.1	14.1	41.1
计算机及办公设备制造业	3825	14.4	11.5	30.5	11.2	9.0	26.0
医药制造业	3522	11.4	10.5	21.6	8.4	7.6	16.9
电子及通信设备制造业	3832	9.4	8.0	18.7	9.3	8.4	18.4

OECD 关于高技术产业的列举界定方法比较科学，简单明了、基础广泛和便于国际比较，其提供的定义、分类和目录被国际社会广泛认同和采用，也成为研究和界定我国高技术产业的重要基础。

我国对高技术产业的界定是在参照 OECD 的标准，并结合我国具体国情进行的。1991 年，《国家高新技术产业开发区高新技术企业认定条件和办法》所规定的高新技术范围包括：微电子科学和电子信息技术，空间科学和航天航空技术，光电子科学和光电一体化技术，生命科学和生物工程技术，材料科学和新材料技术，能源科学和新能源、高效节能技术，生态科学和环境保护技术，地球科学和海洋工程技术，基本物质科学和辐射技术，医药科学和生物医学工程，其他在传统产业基础上应用的新技术、新工艺。2002 年国家统计局颁布了《高技术产业统计分类目录》，按 OECD2001 年关于高技术产业的新分类统一了口径，除包括 OECD 界定的 4 个高技术产业外，还包括医疗设备及仪器仪表制造业，以及核燃料加工、信息化学品制造及软件业[24]。

一些国家在界定和划分高技术产业时，大多采用的是本国使用的产业分类，这样，彼此所确定的高技术产业在名称、类别及包含的内容等方面不尽一致。尽管如此，分析美国、加拿大以及英国、意大利等欧盟国家，以及经济合作与发展组织（OECD）等所界定的高技术产业范围中发现，技术密集度较高的那些行业，即高技术产业的核心内容大致趋同，都包括有关航空、航天、电子、通信、电子计算机、医药品等制造业行业。

通过以上的文献介绍可以看出，虽然不同国家、不同学者对高技术产业界定的研究有各自的探索过程，但各种方案之间存在着共同的基本点。分析、借鉴这些基本要素，对于合理界定我国的高技术产业具有重要的意义。正如高技术具有时间性、地域性等特点，高技术产业同样应当体现一个国家或地区的特殊性。我国与发达国家处于不同的经济发展阶段，近半个世纪以来的高技术产业 R&D 活动和高技术源头大多集中于发达国家。我国高技术产业尚处于发展初期，还不完全具备技术密集度高等典型特征。如果利用与发达国家相同或相似的定量指标来界定我国的高技术产业，必然不能客观全面地反映我国高技术产业的发展状况。因此，对于我国高技术产业的界定，必须按照国际可比、符合国情、把握全局等原则，制定合理的标准。从笔者目前掌握的文献资料来看，这方面的研究略显不足。

1.2.2 关于高技术产业发展中政府作用的研究

目前国外对于高技术产业发展中政府作用的研究主要集中于经济学领域，比较有代表性的理论有技术流轨理论与战略性贸易和产生政策理论。

1.2.2.1 技术流轨理论（Technological-trajectory Theory）

技术流轨理论认为即使在资本充分流动的情况下，技术跨国界的流动也是不充分的。因为特定产业的聚集经济使一批供应商围绕产业的领头公司发展，导致企业外部效应在群体中的内部化，使供给的基础设施或供给结构（architecture of supply）支持市场中领头公司的主宰。在学习曲线很陡、供给基础设施和核心技术很难或很昂贵的产业中，技术国际流动很困难。为获取"先发优势",政府的干预是必要的。技术流轨理论提供了政府干预高技术产业的合理性[25]。1985 年,美国的 L. 科里斯特和 M.E. 西林研究了美国的高技术产业政策,主张美国也应重视政府直接干预产业的发展,如对特定产业给予补贴,实行贸易政策等。20 世纪 90 年代以来,美国经济学家 Paul Romer(1993)和 Tyson(1992)等对高技术产业发展过程中技术创新的外部效应做了理论研究,并提出了关于政府应当对企业的研究与发展活动给予补贴的若干政策建议[25]。

1.2.2.2 战略性贸易和产业政策理论(Strategic Trade and Industrial Policies Theory)

加拿大经济学家布朗德和美国学者斯潘塞应用产业组织理论和博弈论的研究成果,创造性地探讨了在不完全竞争和规模报酬递增条件下政府的补贴对出口生产和贸易的影响,并对高技术产业 R&D 对市场竞争力的影响进行模型分析。强调了高技术产业商品竞争中 R&D 的作用,突出了产业政策在国际贸易中的作用。在假定贸易对本国政府不采取报复行为的前提下,在研究发展阶段对本国企业予以补贴,可以使该国在技术竞争中处于优势;导致商品市场竞争阶段以高质量低成本获取较大的市场份额。两位学者的研究构建了战略性贸易和产业政策的基本框架。

战略性贸易和产业政策理论与技术流轨理论紧密相关,该理论认为,通过贸易和产业的结合,政府在支持高技术产业方面可以有所作为。如通过关税、补贴等政策将利润从外国公司那里转移至国内企业,达到国内在关键产业和国内供给结构中的生存和兴盛,并使本国企业在国际市场中具有竞争力,同时吸引外国公司对高技术产业的直接投资(FDI)。美国学者克鲁格曼(Paul.R.Krugman)曾以"波音"与欧洲"空中客车"竞争为背景,对高技术产业之一的航空工业中的战略性贸易政策运用补贴进行了假想和模拟分析,结果表明,在某些市场结构中,积极的政府干预有可能提高一国的国民收入,尽管会不可避免地损伤他国利益[26]。

关于政府在高技术产业发展中的作用,国内学者目前已经在以下几方面基本达成了共识：第一，高技术产业的发展需要政府发挥作用；第二，政府的作用主要在于宏观的引导和政策法规环境的建设等。吴敬琏认为，不能高估政府在开发高技术和建立高技术产业上所能起的作用。政府的主要职能在于为企业和专业人员创造良好的制度和其他社会环境。他通过分析日本政府在高技术产业中发挥作用的正反两方面经验，指出：第一，政府的性质和结构决定了它在直接的生产和商业活动中不具有民间企业所具有的市场适应性和竞争力，因此，它应当尽量从市场活动中退出，更不应直接经营企业和干预企业的人财物、产供销决策。第二，真正适合政府起作用的是市场失灵的领域，政府应当在弥补市场失灵的领域，如建立市场秩序、提供公共物品、组织重大共用技术的开发等方面发挥自己的作用。第三，政府必须依据上述原则明确自己职能的定位，在自己的职能范围内扬长避短，做好分内工作，推动我国高技术产业的发展[27]。何添锦认为，高技术产业的特性决定了政府在发展高技术产业中必须要发挥主导作用，要以强有力的政策扶持高技术产业。科学运用政府行为是在自己的职能范围内，集中力量在政策、机制、制度和基础服务方面，努力做好导向、扶持、规划与服务工作。政府在发展高技术产业中的作用主要体现为制订政策、引导扶持、法律约束、规范组织与宏观调控、宣传与支撑服务等。通过政府行为的调节作用，使高技术产业的发展在市场机制推动下产生内在力，以自己的选择来谋求自己的利益[28]。贺军、毕先萍认为，在现代市场经济中，政府与市场是两种互为补充的配置资源的制度安排。在充分发挥市场机制基础性资源配置作用的前提下，有效地发挥政府对市场机制"拾遗补缺"的作用，是现代市场经济健康发展的内在要求。政府在高技术产业发展中的作用主要包括微观规制和宏观调控。宏观调控主要包括建立有利于高技术产业发展的法制环境；促进形成以企业为主体的技术开发体系；培育与市场经济体制相适应、符合高技术产业发展自身特点的投融资体制；综合运用财税政策、进出口政策、外汇政策、政府订货和采购等政策为高技术产业发展创造良好的发展环境；提供信息服务[29]。周赵丹等人认为，政府在高技术产业发展中的作用主要包括：为高技术产业发展建设良好的基础设施等硬件环境；进行制度与政府创新，创造良好的软环境；为科技企业家提供成长机会，在增强企业家的供给要素和扫除创业制度障碍上发挥作用；完善孵化器的建设，创造更有利的技术创新环境，帮助建设企业协作网络[30]。刘庆君等人认为，高技术产业的发展离不开政府的引导和扶持。要发挥政府的作用，为高技术产业的发展提供良好的制度环境和服务体系。政府要在全社会塑造一种鼓励创新、爱护创新、引导创新的社会文化和氛围，努力培植创新文化和创业精神；建立高效的支撑服务体系为高技术企业在融资、人才引进、技术开发等方面提供咨询和优质的服务；加强和完善公共服务体系及其基础设施的建设，为科技人员、投资者、管理者等各种人才提供舒适的生活和创业环境[31]。罗双临认为，高技术产业发展的核心是建立高技术竞争优势。政府在建立高技术竞争优势中的作用主要有：实施高科技领域综合发展战略，确定优先发展重点；制定明确的产业政策，积极培育高技术产业；加大科技研究与开发经费投入，创造良好的融资环境；确保吸收外资和技术引进并驾齐驱；在高技术产品贸易中制定和实施适当的政府采购政策[32]。

总体来说，尽管学术界对高技术产业发展过程中的政府作用进行了比较深入的研究，他们的研究也反映和揭示了政府高技术产业管理的一些本质特征，对高技术产业发展中政府行为方式和政策制定产生了深远的影响，但由于历史的局限和科学技术本身发展水平的日新月异，他们的研究尚存在以下三方面的不足。

第一，缺乏系统性。由于高技术产业的发展是一个复杂的过程，政府行为渗透到各个阶段和子系统，并在各个阶段和子系统有不同的行为方式。前面的研究都只是从一个角度来反映政府在高技术产业发展中发挥作用的一个方面，缺乏整体性、关联性和持续性，没有把高技术产业发展各个阶段的政府作用统一到一个有机联系的理论体系中，研究比较分散。

第二，缺乏动态性。现有的高技术产业发展中政府作用的理论研究，主要着眼于静态的研究。然而，高技术产业的发展是一个动态的过程，在发展的不同阶段，政府应当发挥的作用，以及政府的作用方式和影响程度是有差异的，所采取的政策措施也是有区别的。因此，研究政府行为，应该从高技术产业发展的动态角度来分析，根据高技术产业发展不同阶段的特点及对政府职能的需要来分析政府行为以及所采取的政策措施，这样才能揭示政府行为的内在本质。

第三，缺乏针对性。目前国内外学者对于政府作用的探讨大多囿于经济领域，着眼于产业经济体制和环境的建设。对政府经济职能范围和产业发展政策的一般性研究虽然在某些方面同样适用于高技术产业，但没有突显对于政府自身的分析。

面对这样的研究形势，笔者尝试利用产业生命周期理论、政府管理创新理论等，对高技术产业发展中政府的作用进行动态研究，希望能够为促进政府在高技术发展中有效发挥作用提供借鉴。

1.2.3 关于政府管理创新的研究

创新理论最早是由美籍奥地利经济学家约瑟夫·熊彼特在1912年德文版《经济发展理论》一书中首次提出的。熊彼特认为，所谓创新就是建立一种新的生产函数，把一种从来没有过的关于生产要素和生产条件的"新组合"引入生产体系。这种新组合包括以下内容：①引入新产品；②引入新技术，即新的生产方法；③开辟新的市场；④开拓并利用原材料新的供应来源；⑤实现工业的新组织。熊彼特的创新概念比较宽泛，而且局限于经济生产领域[33]。从20世纪60年代起，管理学家们开始将创新引入管理领域。美国管理学家德鲁克是较早重视创新的学者。他发展了熊彼特的创新理论，把创新定义为赋予资源以新的创造财富能力的行为。德鲁克认为，创新有两种：一种是技术创新，它在自然界中为某种自然物找到新的应用，并赋予新的经济价值；一种是社会创新，它在经济与社会中创造一种新的管理机构、管理方式或管理手段，从而在资源配置中取得更大的经济价值与社会价值[34]。经济合作与发展组织在1992年发表的《技术统计手册》中认为，创新是一个非常广泛的概念，在任何经济部门都可能发生创新，包括卫生和教育部门这类政府服务机构。欧盟1995年度的《创新绿皮书》中也指出，创新是指在经济和社会领域内成功地生产、吸收和应用新事物，它提供解决问题的新方法，并使得满足个人和社会的需要成为可能[35]。

在我国，关于管理创新的研究起步较早，但初期的研究大多局限于企业管理领域，较少涉及政府管理。目前，国内关于政府管理创新的研究成果不多，专著则更少。笔者所看到的专门论述政府管理创新的著作有李习斌的《政府管理创新的系统思维》、刘靖华等人合著的《政府创新》、吴知论的《中国地方政府管理创新》等数本书。笔者通过对中国学术期刊网（CNKI）1994 年 1 月至 2005 年 4 月收录文章的调查发现，关于企业创新的研究论文在 1994 年已经出现，而关于政府管理创新的研究论文则是在 1999 年以后出现的。就已有的研究成果来看，大多是关于政府管理创新某一具体方面的研究，如加入 WTO 与政府管理创新、电子政务与政府管理创新，对政府管理创新的深层次问题如观念、制度、利益等因素对政府管理创新的影响和制约的研究较少，对政府管理创新的核心、动力、阻力没有进行专门研究，并且还没有形成对政府管理创新内涵的统一认识。笔者主要从政府创新、政府经济管理创新和政府科技管理创新等三个方面进行文献分析。

1.2.3.1 政府管理创新

当前，面对经济全球化、科技信息化、政治多极化、社会多元化的国际新形势，国内外学者都主张政府应当进行不同程度、不同方式的管理创新。政府管理创新有其特殊重要作用，它保证了社会创新活动所需要的和不可缺少的适宜环境、基础设施和创新人才[36]。

在西方研究界，自 20 世纪 80 年代后期以来，对"政府创新"的研究取得了不少的成果。K. Ascher 在 1987 年出版了《政治的民营化》（The Politics of Privatization: Contracting Out Public Services），集中探讨了公共服务由私营部门提供的可行性、方案设计及绩效评估等问题。M. Barzelay（1992）写出了《瓦解官僚制》（Breaking Through Bureaucracy），主要探讨了政府对官僚体制必须进行改造和创新的必要性。S. E. Bleeker

（1994）写出了《虚拟组织》（The Virtual Organization），论述了这种虚拟组织对解决公共部门问题的作用和发展趋势。E. Borins（1995）写出了《公共部门的创新》（Public Sector Innovation），重点讨论了政府管理创新的必要条件和可行办法。美国政治学家盖伊·彼得斯（B. Guy Peters）在 1996 年出版了《政府未来的治理模式》一书，较为系统地提出了政府管理创新的四种模式：第一种模式称为"市场式政府"。即按企业运营的方式实施政府行政。这种模式认为，企业式的管理方法优于传统的公共行政部门的管理方法，经过企业式改造的政府具备了激励机制和竞争机制，从而使得行政资源获得最优化配置。缩减政府组织规模，实行单一部门单一目标是政府拥有竞争优势的重要途径。政府行政可以充分利用契约、激励、税收收支等市场手段。这一模式还强调应该允许私人部门作为竞争者提供公共物品，这样就会刺激官僚机关自觉控制其生产成本以战胜竞争对手。第二种模式称为"参与式政府"。这种模式认为，政府缺乏效率的主要根源在于官僚阶层制，自上而下的官僚阶层制使得行政组织成员没有参与感，工作效率自然也上不去。扩大参与程度、让大量有思想、有才华的下级公务员参与决策过程，政府的业绩表现就会更好。基层组织成员有更大的授权来参与决策过程，这肯定会降低政策的机会成本。公民以投票方式决定政策议题的方法也成为这一模式关注的核心。第三种模式称为"灵活反应式政府"。这一模式强调面对全球经济环境的变化，政府要有应变能力，要能够有效地回应来自社会的新的挑战。它主张政府行政机关要有能力根据不断变化的客观环境制定相应的对策，而不是用僵化、固定的方式回应新的挑战。政府行政应该是一个不断实践、不断创新的过程，所有的政策都是关于"政府是否有能力改变行为和结果"的理论，一项政策的好坏最终还得从实践的过程和结果中得到验证。第四种模式称为"松绑式政府"。这一模式认为，政府行政之所以缺乏效率，是因为公共部门潜在的能力和创造力没有发挥出来，而正是一些约束公共部门的条条框框、限制政府部门的清规戒律，导致了这种政府行政无效的局面。创新的方式就是解除这些无用的条条框框，使公共部门的想象力和创造力发挥出来。这一模式认为，为了释放公共部门的创新活力，就需要具有坚决果断、敢于决策的公务员。他们在任务面前应该采取行动而不是观望等待[37]。

美国学者 Michael Duggett 通过对欧洲和其他国家一些范例的阐述，提出公共行政中的政府创新在于创造充分的先决条件并保持改革政策的持久作用[38]。美国学者蓝志勇以美国凤凰城为例，提出了提高政府效率和效益的创新战略，主要包括：①在政府治理过程中，效率与效益要具有多维性；②提高领导者素质，避免其裁判员与运动员的统一，培养后备青年人才队伍；③调整民众基础，提高民众的参政与监督意识；④拓宽民意表达的渠道等[39]。秦国民认为，政府管理创新是指由于行政环境、行政任务的变化引起的行政职能、行政方式、行政作风、政府政策法规、行政体制等各方面的一系列新变化[40]。谢庆奎认为，政府管理创新就是探索政府体制运转的新方法、新模式以适应新环境的变化和新现实的挑战；就是通过探寻和建立较为合理的政府体制运转模式，从而确保社会资源能够得到最优化配置，确保国家资本能够更好地用于改善人民的生活，无论是追求市场化政府、参与式政府还是追求灵活反应式政府和松绑式政府等具体的政府模式。政府管理创新在内涵上体现为以下三个层面的创新：一是理论层面的创新，二是体制层面的创新，三是技术层面的创新。在以上三个层面的政府创新中，作为政府创新的核心内容，政府理论创新最为重要、最为根本，它是指引政府体制创新和政府技术创新的方向，是政府体制创新和技术创新的基础，并直接为二者提供理论服务。政府体制创新则比较复杂、比较艰难，因为它牵涉到方方面面的关系和受影响者的切身利益，需要统筹兼顾、循序渐进和不断强化。相比较而言，政府技术创新较为容易、快捷，但由于存在网络安全、网上传输精度等方面的很多问题，仍需要不断探索、小心推进[41]。何增科认为，政府管理创新是各级政府及其职能部门为了适应内外环境变化所提出的新挑战和新要求而对自身的职能定位、管理方式、组织结构、运行机制、业务流程、工作方法、技术手段等诸多方面所做出的创造性调整和变革。要通过发展电子政务、优化组织结构、实施绩效评估等手段推进政府管理创新，建设法治政府、责任政府、服务政府、优质政府、效益政府、专业政府、透明政府、廉洁政府[42]。李习斌认为，政府管理创新是一个具有层次结构的体系，根据诸多方面创新之间的关联性，可以构造出八个层次的政府管理创新体系：第一个层次涉及管理人员、方法与手段；第二层次是运行机制；第三个层次是组织机构；第四个层次是行政体制；第五个层次是政治体制；第六个层次是社会治理结构；第七个层次是政府管理的系统哲学；第八个层次是社会假设基础。政府管理创新是一个系统的体系，这八个层次之间相互关联，有可能牵一发而动全身，所以要全面推进政府管理创新[43]。王强等人认为，创新非企业家独有，政府管理的创新，已经成为我国在 21 世纪里的首要任务，这是经济全球化对政府职能转变的要求。政府管理创新包括政府管理的理论创新、观念创新、政府人力资源管理创新、政府绩效管理创新、公共政策创新、法律制度创新、政府组织创新、政府财政、采购、审计管理的创新和政府文化创新[44]。刘靖华等人认为，政府创新就是通过探寻和建立较为合理的政府行政模式，确保社会资源能够得到最优化的配置，确保国家资本更好地用于人民的生活当中。政府创新包括观念创新、技术创新和制度创新。观念创新要求政府意识到在全球化、信息化时代自我创新的必要性。技术创新是将许多新科技工具引入政府行政过程以提高政府的工作效率，例如美国的"电子化政府"方案就是技术创新的典型例子。制度创新指的是政府行政规则、方式、公共部门组织和规范的创新。制度创新可以大大降低政府行政的交易成本，进而有效地提高政府的工作效率[37]。冯静认为，"政府管理创新是指由于行政环境、行政任务等的变化引起的行政职能、行政方式、行政作风、政府的政策法规、行政体制等方面的一系列新变化"[45]。郭峰等人认为，政府管理创新内涵包括以下几个方面：培育和树立创新观念是政府管理创新的前提；改革和简化行政审批制度是政府对社会公共事务进行规范管理的一种手段；转变政府职能，推进政府职能创新；转变工作作风，推进行政作风创新；转变政府管理机制，推进行政体制创新；加快政府管理信息化建设步伐，构建电子政府，发展电子政务；建立健全公共危机管理机制、构建责任政府；解放思想，积极借鉴西方国家行政文明成果，努力建立学习型政府[46]。

1.2.3.2 政府经济管理创新

从笔者现已掌握的文献资料来看，改革开放以来，探讨政府经济职能转变的文章很多，但明确提出政府经济管理创新的则寥寥无几。国内学者成思危认为，从传统计划经济体制到社会主义市场经济体制的建立是一个漫长而复杂的过程，我国应当从发展阶段、关键主题、重要人物等方面对国外市场经济的理论与实践进行认真的研究借鉴，但同时也要注意政府经济管理的创新。要从探索社会主义市场经济的目标模式及实现步骤、建立与社会主义市场经济相适应的政府职能、提高公务员素质三个角度加强政府经济管理创新[47]。郭秀君从加入 WTO 对我国政府宏观经济管理角度探讨了政府宏观经济管理创新，认为世贸组织所确立的一系列规则和机制是规范和约束成员国政府行为的，因此加入 WTO 必将给中国宏观经济管理的能力、目标、主体、客体、手段等方面带来巨大影响。为了应对入世挑战，中国必须对政府宏观经济管理系统的诸要素，即管理目标、管理主体、管理客体、管理手段等进行协调配套的创新[48]。秦国民认为，政府管理创新的重要内容是重新界定政府职能在市场经济中的地位。由于市场失灵和市场有效之间，公共产品与私人产品之间并非截然对立，并且随着国民经济发展和市场化程度的提高，公、私之间的界限可能会发生变化，这就增加了界定政府职能的难度。由于我国国情的特殊性，我国政府必须把市场经济国家经过几百年建立和不断发展完善、政府分阶段完成的各种职能集中在一个较短的时间内完成，这就决定了我国市场经济条件下政府职能转变的特殊性和艰巨性。这种特殊性和艰巨性要求政府一并执行和实现多重职能：①创造有效率的良好市场环境；②为市场提供必要的规则和制度框架，维护市场竞争性和规则性；③驾驭市场化进程，纠正市场失灵和弥补市场缺陷，着力培育市场，完善市场经济体制；④提高政府的有效性，加强宏观调控，适度干预经济；⑤解决计划经济时期遗留的大量问题，尤其是清除高度集中的计划经济体制留下的弊端；⑥解决转轨国家普遍面临的转轨性衰退问题，并促进宏观经济的增长与稳定；⑦完成十分艰巨的经济结构改造和产业结构调整任务等。

1.2.3.3 政府科技管理创新

一些学者研究探讨了科技管理创新与科技创新之间的关系。杨力认为，科技管理创新与科技创新相互依存，相互推动。科技管理创新能够在集成科技资源、提供组织保障和营造良好环境三个方面促进科技创新。要通过运用科技成果提高管理质量和效率，创新管理环境、发展科技研究来促进科技管理创新[49]。栾维东等认为，科技管理创新包括管理理论、管理战略、管理体制、管理机制、管理方法、管理艺术的创新，其中管理体制和管理机制的创新起着决定性的作用，它是一切创新赖以进行的骨干结构和温床。科技管理创新的关键在于从实际出发，实事求是，找准科技创新的"结合点"；科技管理创新的根本在于全面提高科技管理干部的素质[50]。秦勇等认为，科技管理创新就是根据科技活动的特点，通过对科技活动自身规律及其外界环境与条件发展变化的不断认识，通过对科技管理体系的完善以及重建，使之能够更好地适应和促进科技活动发展的过程。具体而言，科技管理创新就是要促进我国科技管理范式向有利于我国科技的创新，有利于在某些方面实现向跨越式发展的方向转变；就是要在科技活动的目标、组织、领导和控制等方面，形成全新的管理理念。要实现政府科技管理创新，要牢固树立以人为本的思想；要注意发挥科技管理人员的主观能动性；要根据科技活动的客观规律，从国家发展的战略需求出发，在科技发展目标和任务上强化政府宏观控制；在需要重点突破的关键问题上，政府应当形成有效机制，集中力量[51]。笔者认为，政府科技管理创新能力就是政府根据科技活动的特点，通过对科技活动自身规律及其外界环境的发展变化的不断认识，通过对科技管理体系的完善以及重建，实现对全社会科学技术活动的有效调节与控制，促进科技创新与科技进步的能力。具体而言，政府科技管理创新能力包括科技综合管理能力、制定科技法规及科技政策能力、选拔和培养科技管理人才能力以及借鉴国外先进科技管理经验能力等。政府科技管理创新能力建设，就是要在政府科技管理的目标、组织、领导和控制等各方面，形成全新的管理理念，探索独特的管理方法，通过有效的科技管理创新实践，促进科学技术创新与发展[52]。

在上文提到的中国期刊网论文调查中，笔者通过标题检索发现，在研究政府管理创新的 119 篇论文中，有 1/4 的论文是从建设电子政务角度研究政府管理创新的，研究政府科技管理创新的论文仅有 13 篇，而研究政府高技术产业管理创新的论文则尚未发现。此项调查虽然在范围上有一定的局限性，但一定程度上也反映出本书选题具有一定的创新性。

1.3 本书研究内容、创新点及不足

1.3.1 研究内容

本书共由 7 章构成。第 1 章是绪论。阐述问题的提出，研究意义，相关研究文献述评，本书内容与结构，创新点及不足，研究思路与研究方法等内容。第 2 章是研究的理论基础与相关概念厘定。明确指出本书研究的理论基础为公共物品理论、国家创新体系理论、政府管理创新理论、产业生命周期理论和后发优势理论，厘定了高技术、高技术产业和政府管理创新的概念，并分析了高技术及高技术产业的特点、政府管理创新的内容。第 3 章是政府高技术产业管理职能分析。首先，对政府高技术产业管理职能进行了静态分析，主要包括要素配置的调节职能、需求调节和政策优惠职能、战略规划和组织协调职能、对高技术企业的孵化职能、法律制度的供给职能、政府高技术产业管理的"经济、科技、教育一体化"职能和国家经济安全保障职能等。其次，根据产业生命周期理论分析了高技术产业形成期、成长期、成熟期、衰退期的特点以及各阶段的政府职能动态定位。在总结政府高技术产业管理静态与动态职能共同特性的基础上，提出了发挥政府高技术产业管理职能的原则。第 4 章是政府高技术产业管理创新的必要性分析。从高技术产业的不确定性、高技术产业发展的周期性、市场机制的缺陷、世界高技术产业发展的新形势及高技术产业在国际竞争中的重

要地位等方面，分析了政府高技术产业管理创新的必要性。第 5 章是政府高技术产业管理创新的目标与作用领域。提出政府高技术产业管理创新的目标不仅包括克服市场失灵，还包括克服政府失灵，并在克服两个"失灵"的基础上增强两种竞争力——增强政府高技术产业管理竞争力和增强高技术产业国际竞争力。第 6 章是推进中国政府高技术产业管理创新的对策探究。分析了当前我国政府高技术产业管理存在的主要问题，如政府高技术产业管理错位、相关政策不完善、相关法律法规不健全、资源配置效率不高、人力资源不足等，在分析借鉴国外政府高技术产业管理经验的基础上，提出了政府高技术产业管理理念创新、政府高技术产业管理体系创新、政府高技术产业管理手段创新和建设高素质的高技术产业管理人才队伍等推进我国政府高技术管理创新的对策。第 7 章是中国政府高技术产业管理创新的理论探讨与展望。探讨了高技术产业发展中政府与市场的关系、高技术产业发展中政府职能的动态调整、政府高技术产业政策体系以及中国高技术产业的新兴产业——高技术服务业的发展现状及对策。

1.3.2　本书的创新点

从理论的高度研究探讨政府对高技术产业的管理，以期对实践具有一定的指导价值，是本书研究的出发点。从公共行政管理的视角探讨高技术产业发展中政府管理创新，本书的选题本身就是一个新的尝试。纵览全书的构思和内容，本书尝试在以下几方面实现创新性突破。

第一，着眼于不同发育程度的高技术产业对政府职能的不同要求，对政府高技术产业管理职能进行动态分析。从高技术产业发展阶段与政府、市场之间的逻辑关系来动态考察发展高技术产业的政府行为，通过管理创新实现政府主体地位泛化部分的退出和让渡，致力于实现高技术产业发展过程中政府与市场，政府与企业，政府与社会之间的良性互动。

第二，在分析高技术产业发展各阶段的政府职能动态定位的基础上，提出政府高技术产业管理创新的目标不仅包括克服市场失灵，还包括克服政府失灵，并在克服两个"失灵"的基础上，实现增强两种"竞争力"——增强政府高技术产业管理竞争力和增强高技术产业国际竞争力，有助于构建及时反映高技术产业发展特点及需要的政府高效管理体制。

第三，政府对高技术产业的管理是必要的，但政府的管理必须限定在一定范围内。本书在明确政府高技术产业管理创新目标的基础上，指出了政府高技术产业管理创新的作用领域，有助于提高我国政府高技术产业管理的针对性及有效性。

1.3.3　本书研究的不足

由于笔者的阅历及学识有限，本书难免存在一些不足，主要体现在以下几点。

第一，本书是围绕高技术产业分析政府的作用和对策的，不可避免涉及产业经济学、制度经济学等问题，由于笔者的专业限制及经济学知识的欠缺，对于书中某些经济问题的分析可能不够深刻。

第二，本书根据高技术产业发展的不同阶段对政府职能进行动态分析，对于宏观层面的政府职能以及贯穿于各个阶段的政府职能的总体把握略显不足。

1.4　研究思路与方法

1.4.1　研究思路

高技术产业属于经济范畴，但它所受到的影响却远远超出经济领域。可以说，高技术产业具有广泛性，这种广泛性主要表现在：一方面，高技术产业影响着社会生活的各个层面；另一方面，各种社会因素又都对高技术产业产生影响。这样一种相互作用，使得高技术产业的发展呈现出错综复杂的局面。因此，仅仅从经济学视角研究高技术产业必然是不全面的。本书选择从公共管理视角研究政府在高技术产业发展中的管理创新，研究过程中必然涉及公共管理学与经济学以及其他学科的交叉，但在研究思路上，笔者力图围绕公共管理展开分析。

本书的研究是从合理界定高技术及高技术产业开始的，明确高技术及高技术产业含义及其特点是进一步展开针对性分析的重要前提，这是本书的重要研究基础。本书在科学分析政府高技术产业管理静态职能以及基于不同发展阶段的高技术产业特点的政府动态管理职能的基础上，明确指出了我国政府高技术产业管理创新的目标与作用领域。分析我国政府高技术产业管理存在的问题及成因，并结合国外政府高技术产业管理的经验，提出了实现中国政府高技术产业管理创新体系的现实对策。

1.4.2　主要研究方法

第一，理论研究与实践研究相结合的方法。从理论与实践相结合的角度界定了高技术及高技术产业，分析了政府在高技术产业发展中进行管理创新的必要性。

第二，动态分析与静态分析相结合的方法。本书既有对高技术产业发展中政府管理创新内容的静态分析，也有对高技术产业发展各阶段政府职能定位的动态分析，并力图通过动态分析与静态分析的有机结合，实现对中国高技术产业发展过程中政府管理创新的全面分析。

第三，系统分析方法。从宏观上分析了中国高技术产业发展中政府管理创新的主要内容，并提出了促进中国高技术产业中政府管理创新的相应对策。

第四，比较研究方法。介绍了一些国外政府高技术产业管理的经验，在进行比较研究的基础上，提出了我国政府可以借鉴的经验。

第五，战略研究与战术研究相结合的方法。本书从战略的角度分析了中国高技术产业发展中政府的职能，同时也从战术的角度分析了促进政府管理的具体对策，使本书的研究既具有战略价值，又具有现实操作性。

中国政府高技术产业管理创新

第2章 研究的理论基础与相关概念厘定

　　高技术产业是建立在知识和技术创新基础之上的，而知识和技术创新具有准公共物品的性质，此外，高技术产业的发展还依赖于基础研究和教育等公共物品，这些公共物品的供给都需要政府的政策支持。高技术产业发展需要强大的基础研究力量和高效率的知识流动体系，使技术创新流畅通无阻，而这需要通过完善国家创新体系来实现。政府管理创新是新时期社会政治经济发展对政府能力的新要求，对于具有重要战略意义的高技术产业而言，政府管理创新是促进其持续、快速发展的重要条件。高技术产业的发展遵循产业生命周期规律，在产业发展的不同阶段，对于政府职能的需求有所不同。当前，我国可以利用技术的后发优势和政府管理的后发优势，通过政府管理创新，缩小与发达国家的差距。基于以上分析，本书将公共物品理论、国家创新体系理论、政府管理创新理论、产业生命周期理论和后发优势理论作为研究的理论基础。

2.1　研究的理论基础

2.1.1　公共物品理论

　　在市场经济条件下，市场对社会资源的配置起着基础性的作用。但是，由于非竞争性、非排他性以及经济外部性的影响，许多产品和服务不能由市场完全提供，而必须由政府直接提供或在政府的监督下由市场提供。也就是说，单纯的市场机制对这类产品或服务的供与求存在作用盲区，此类物品或服务统称为公共物品和公共服务。著名经济学家斯蒂格利茨认为："公共物品是这样一种物品，在增加一个人对它分享时，并不导致成本的增长（它们的消费是非竞争性的），而排除任何个人对它的分享都要花费巨大成本（它们是非排他性的）[53]。"世界银行《1997 年世界发展报告：变革世界中的政府》中指出："公共物品是指非竞争性的和非排他性的货物。非竞争性是指一个使用者对该物品的消费并不减少它对其他使用者的供应，非排他性是指使用者不能被排除在对该物品的消费之外。这些特征使得对公共物品的消费进行收费是不可能的，因而私人提供者就没有提供这种物品的积极性[54]。"澳大利亚学者休·史卓顿等则把任何由政府决定免费或以低费用供给其使用者的物品和服务看作公共物品[55]。公共物品的范围非常广泛，通常意义上由政府在公共领域内所提供的经济、文化、教育、科技、卫生、体育、社会保障、环境保护等，都可以称为公共物品和公共服务。

高技术产业是建立在知识和技术专利基础之上的，而知识和专利在某种程度上都具有公共产品的性质。斯蒂格利茨曾指出，知识与其他物品不同，它有许多公共物品的特性，这甚至是一种全球性的公共产品。首先，知识具有消费上的非竞争性，因为知识主要表现为知识、思想或通过研究得出的新的科学原理、科学理论和科学方法等，是通过学术刊物与共同体内成员交流学术思想或者通过文章的形式向社会公众传播科学思想、科学方法和科学信息的，一个人对知识的消费不会影响其他人从对它的消费中获得的效用，即增加额外一个人消费该产品不会引起产品成本的任何增加，也就是说，这些知识在某一个人使用的同时，也不妨碍其他人使用，每一个人都享有知识给人带来的快乐和智慧，正如美国第三任总统托马斯·杰斐逊所描述的知识的作用："从我这里接受思想的人，自己受到教育，但并不有损于我；就像从我这里点亮他的蜡烛，照亮自己而并不把黑暗留给我。"杰斐逊的这段名言，正是说明知识具有非竞争性，即增加一个人享受知识好处的边际成本为零。以零价格消费的知识，也意味着只能以零价格生产或者提供知识。但换取和利用知识必须耗费资源，正如学生学习要交纳学费一样，但这种费用是知识扩散中发生的成本，私人可以按照扩散边际成本收取相应的提供扩散的服务费用，但知识本身还是免费的。其次，知识的"消费的非排他性"，表现为许多经济主体可以同时使用一项知识或技术，并且他们都可以因此而提高自己的效益。非排他性是指开发者通过研究开发所获得的技术和知识，无法防止其他不负担开发成本的经济主体通过模仿等手段来加以利用，而为了排除其他经济主体对自己开发技术的"模仿"，需要支付相当多的费用，以建立起一定的进入壁垒与保护措施，但绝对的排除模仿是不现实的。高技术产品的生产、经营、销售、管理等经济活动都是以知识为基础的，与资本和劳动不同，它具有外溢性和公共物品的特性，属于准公共产品。如基因研究，尽管首次使用成本是巨大的，但以后使用的边际成本趋于零，所以私人投资者并不希望对此进行巨大的投资。高技术产业的准公共产品属性需要政府以社会管理者的身份组织和实现一部分供给，并对其使用进行监管。

"专利"形态的技术创新产品具有混合产品性质。专利是对即将进行各种应用的科学技术知识的知识产权进行保护的法律形式，是受到正式承认的科技产出，但条件是必须将科学思想和技术诀窍公开。专利具有私人产品性质，因为技术创新过程生产出来新技术，企业或者厂商都可以通过申请专利的方式获得对其使用的垄断权，从而将其变成所谓的产权性技术，任何人要使用这种技术，都必须首先得到发明者或技术所有人的同意或获得专利的许可。从这个意义上说，技术是纯粹的私人产品。但是，在正常情况下，垄断是有限度的。竞争者迟早能够模仿或创新类似先期创新的技术，技术最终将走向公开，使其具有公共产品的性质。其一，根据专利法，对于发明的引诱和奖赏是控制发明使用的暂时而有限的法律权力。作为交换，发明人要披露其发明及其基本工作机制，并且同意在一定年限以后放弃其产权控制。有关技术发明的信息是公开的，任何人都可以无偿地利用这些信息并在此基础上进行更为深入的研究。从这个意义上说，技术本身就具有天生的公共产品的性质。其二，任何技术早晚都是要泄漏出去的，即使专利也只保护发明人在一定时期以内享有独家使用权。此外，科学家和工程师从一家公司转到另一家公司，在此过程中它们也带走了前一公司正在研究的技术知识，导致技术的扩散。私有技术最终走向公开的事实，生产作为进一步研究与发展的基础，两方面都强化了经济运用新技术的能力，从某种意义上看，技术有着发展成为公共产品的必然趋势。技术最终走向公开，有两个方面的好处：其一，这保证了合理比例的创新收益将归于用户。其二，关于创新的建立广泛的和长期的工业垄断的危险处于有效的控制水平之下。如此说来，作为"专利"形态的产品，兼有公共产品和私人产品的性质，属于混合产品。因此，高技术产业中作为"知识"形态的科学原理和科学规律具有公共产品性质，"专利"形态的产品也有一部分具有公共产品的性质，从而导致这两部分的产品产生"搭便车"的问题，就是某些私人和厂商虽然参与了这部分产品的消费，但不愿意支付这部分产品的生产成本，从而导致典型的市场经济条件下基础性研究开发"市场失灵"现象。在这样的情况下，政府充分地发挥相应的职能就成为题中应有之义。

此外，高技术产业发展所依赖的某些公共物品的供给必须由政府政策提供支持。这主要包括基础研究和教育两方面。高技术产业的发展是建立在科学技术知识积累的基础之上，而基础研究和教育的发展则是人类科技水平提高的前提。而无论是基础研究还是教育都具有公共物品的属性，由于直接经济效益不明显以及"搭便车"问题的存在，私人生产的积极性不高。如果政府不进行干预将导致这类物品供给不足。因此，对于高技术产业的发展而言，政府从社会共同利益出发制定必要的政策以引导和支持基础研究和教育的发展就具有十分重要的意义。事实上，无论是发达国家还是发展中国家，那些难以直接产生经济效益的基础性研究和教育往往都是由国立机构承担或接受国家的资助。

2.1.2　国家创新体系理论

许多学者，如新古典主义经济学家，在研究创新活动，特别是技术创新活动时，都将政府行为纳入了研究视野，并提出了相应的政策措施，但把政府作为创新体系的内在因素进行系统研究的主要是国家创新体系的研究者们。技术创新是高技术产业发展的重要决定因素，重点探讨政府在技术创新中的地位与作用的国家创新体系理论，可以为本书的研究提供积极的理论指导。

英国经济学家弗里曼于 1987 年首先提出了国家创新体系的概念。他指出，在人类历史上，技术领先国从英国到德国、美国，再到日本，这种追赶、超越，不仅是技术创新的结果，而且还有许多制度、组织的创新，是一个国家创新系统演变的结果。在一国的经济发展和追赶跨越中，仅靠自由竞争的市场经济是不够的，需要政府提供一些公共商品，需要从一个长远的、动态的视野出发，寻求资源的最优配置，以推动产业和企业的技术创新[56]。弗里曼认为，国家创新体系主要由政府的政策、教育培训、企业的研究与发展、产业结构等四个因素构成，不同的要素对技术创新的影响是不同的，其中政府的政策对其他因素都能产生影响，因此政府的因素对创新有着举足轻重的地位。他特别强调政府在提高国家竞争力、推动技术创新方面的作用，并把国家创新体系视为"公私部门的机构组织的网络，它们的活动和相互作用促成、引进、修改和扩散了各种新技术[57]。"弗里曼设计的国家创新体系框架可以用图 2.1 来表示。

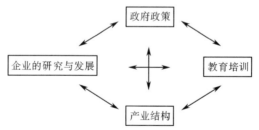

图 2.1　弗里曼设计的国家创新体系结构

佩特尔和帕维蒂从激励结构和激励机制的角度阐述了政府在国家创新体系中的作用，他们认为：开放的贸易系统使技术的国际性得以迅速扩散成为可能，也因此而使后发国家追赶先进国家成为可能。但由于不同国家政府对技术的投资政策是不相同的，造成了国际技术差距在某些国家之间的扩大。因此佩特尔和帕维蒂认为国家创新系统是"决定一个国家内技术学习的方向和速度的国家制度、激励结构和竞争力"。政府在建立激励机制、技术创新资助机制以及企业培训机制方面发挥着重要的作用。他们同时认为激励主要是针对市场失效的层面，主要体现在两方面：一是对基础研究和教育等市场失效的方面，各国都已确立了政府资助方式，但对市场失效的另一个重要方面——面向企业的培训——仍被人们所忽视。二是对创新之后的短期垄断利润的激励和来自模仿的竞争压力的平衡。政府要在这两方面的激励上发挥应有的作用[58]。佩特尔和帕维蒂设计的国家创新系统结构如图 2.2 所示。

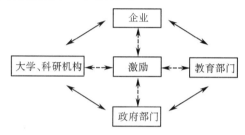

图 2.2　佩特尔和帕维蒂设计的国家创新系统结构

本特阿克·伦德瓦尔主要是通过考察用户与厂商的相互作用来界定国家创新体系及政府作用的。他认为："一个创新系统是由在新的、有经济价值的知识的生产、扩散和使用上互相作用的要素和关系所构成的"。这些要素和关系包括与研究、探索有关的机构和制度，如研究开发部门、技术学院和大学等。衡量一个国家创新系统效率的指标是生产、扩散和使用有经济价值知识的效率，关键是理解、学习和探索如何在经济系统中展开和完成并产生经济效益的。政府的作用主要是通过对教育部门和大学、科研机构施加影响，促进学习和知识的交流和扩散，从而推动技术创新的进程[59]。伦德瓦尔设计的国家创新体系结构如图 2.3 所示。

波特从创造创新环境的角度研究了政府对国家创新体系的影响。他将国家创新体系的微观机制与其宏观运行实绩联系起来，认为国家的竞争优势建立在成功地进行了技术创新的企业的基础之上，政府作为企业的外在环境发挥作用，加强或者削弱其竞争力。政府可以以不同的方式影响创新过程，但政府应该追求的主要目标是为国内的企业创造一个适宜的、鼓励创新

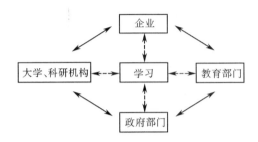

图 2.3 伦德瓦尔设计的国家创新体系结构

的环境。据此，他提出了国家优势的四个决定因素，其中的每一个因素都受到政府的影响：第一，可能受到补贴影响的生产要素条件、影响资本市场和教育的政策等；第二，可能因为产品和工艺标准变化而改变的需求状况；第三，相关的辅助性产业，可以因为无数手段而受到影响；第四，公司的战略与竞争结构，这也是一个可能受到不同政府政策影响的重要决定因素。然而，改变现有体制并不意味着简单地复制其他据说是较好的国家创新系统，每个国家都应该根据自己的独特状况而形成自己的创新系统[60]。波特设计的国家创新体系结构如图 2.4 所示。

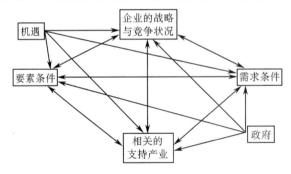

图 2.4 波特设计的国家创新体系结构

近年来，经济合作与发展组织（OECD）的专家们对政府在国家创新体系中的作用进行了大量而详实的研究。他们认为，技术创新是政府、企业、大学、研究院所、中介机构等为了一系列共同的社会和经济目标，通过建设性地相互作用而构成的一系列活动。技术创新过程中各主体之间的联系对于改进技术实绩至关重要，这些角色主要是私营企业、大学和公共研究机构、政府以及在这些角色中工作的人们。技术创新和技术进步是生产、分配和应用各种知识的各角色之间一整套复杂关系的结果。他们认为公共研究基础设施的质量及其与工业界的联系是支持技术创新的一项最重要的国家资产，政府作为支持研究机构和大学的主要承担者，不仅为工业界生产基础知识体系，而且也是新的技术方法、技术工艺以及技术技能的主要来源，因此公共部门和产业界之间要加强联系，可以采取合作研究、人员交流、专利共享、设备购买等形式以及其他各种渠道，促进科学技术知识在一国内部的循环流转。从这个意义上说，政府就是这个系统的桥梁和纽带[61]。OECD 的国家创新系统结构图如图 2.5 所示。

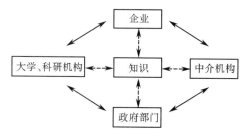

图 2.5　OECD 的国家创新系统结构图

综上所述，国家创新体系理论为探讨政府在创新活动中，特别是在技术创新活动中的作用提供了新的分析思路和框架，但国家创新体系的研究尚处于初级阶段，许多研究还只是停留于对系统框架的研究阶段，除了对框架内企业在创新中的作用进行较为深入的研究外，对其他子系统的研究还很欠缺。特别是对政府这一子系统的研究，还停留在对政府行为的重要性和必要性的研究阶段上。至于创新活动中政府管理的机理、政府管理的作用领域及政府管理的原则和政策框架、不同政府行为对创新的影响、以及政策工具如何搭配组合、在不同发展程度的国家中如何具体应用等问题，还远没有得到解决。

在高技术产业发展过程中，科学研究转化为技术并应用于生产的速度加快，科学、技术、生产的系统性和统一创新性，高技术产业的创新价值关联性，高技术产业的高技术风险性和速度经济性等特点，均表明如果没有高效率的国家创新体系，没有高效率的政府管理，发展高技术产业是没有后盾的。高技术产业发展需要强大的基础研究力量和高效率的知识流动体系，使技术创新流畅通无阻，而这又取决于国家创新系统中政府职能的有效发挥。

2.1.3 政府管理创新理论

政府管理创新首先是作为一种理论形态出现的，它是20世纪80年代以来美国政府行政改革的产物，也是对美国州和地方政府80年代以来改革实践的理论概括和总结。政府管理创新理论认为，使政府工作有效的途径，既不是老式的20世纪30年代"新政"时期的"大型官僚组织"，也不是80年代里根—布什时代的自由市场或者公共选择，而是与此不同的"第三条道路"，即在政府内部建立企业家动机，或者正如戴维·奥斯本和特德·盖布勒文章的副标题所强调的那样：企业家精神如何改革着公营部门。

在实践上，它也是美国克林顿政府的一场改革运动。1993年，克林顿政府批准了美国政府改革的全面方案，其改革的目标是：减少政府成本，提高政府工作效率。戈尔副总统代表美国政府所作的"戈尔报告"的题目就是《从繁文缛节到以结果为主——创造一个花费少、收获多的政府》。这次改革运动被誉为"寂静的革命"。克林顿主政8年中，改变公共服务的输出方式，将非赢利组织或私营部门引入公共服务领域，改革政府机构管理，下放权力，放松管理，增加政府机构执行自主权，并利用现代化的信息技术改革政府工作程序和方法，改革取得了显著的成效。克林顿政府摆脱了长期以来的巨额财政赤字，实现了财政盈余。正如克林顿总统在其告别演说中所讲的那样：美国经济打破了以往的纪录，实现了美国历史上持续最长的经济繁荣，失业率达到30年来的最低点，犯罪率为25年来最低，等等。

总的来看，政府管理创新体现在以下几个层次上。

一是从理论层面上看，政府和市场之间的公共选择，更多的市场、但更小更有效的政府成为政府管理创新的指导思想。

二是政府与市场关系的改革转化为一场政府管理创新运动，在公共服务输出领域引进市场机制、建立公共服务领域的内部市场竞争机制等方面取得实质性的进展，这是政府管理创新的核心内容。

三是在技术层面，强化信息技术的应用和实践，强调采用信息技术改革原有的工作程序、组织结构，提高行政效率。

四是在体制层面，在政府行政权力和立法、司法等权力的横向关系上，以及政府权力的纵向结构方面，鉴于政府决策的执行权力受到来自立法、司法等各方面严格规制的客观现实，强化政府政策执行部门自主权的改革，重塑政治和行政（政策制定和政策执行）之间的关系，进一步下放权力，也成为政府管理创新的重要内容。20 世纪 90 年代开始重视政策制定能力的提高和政策执行效率的改善，即形成了"执行层自主化"的改革潮流[37]。

在高技术产业发展过程中，产业自身的不确定性、发展的周期性以及市场机制的缺陷、世界高技术产业发展的新形势和高技术产业在国际竞争中的重要地位，都要求政府在高技术产业管理过程中不断创新。关于这一问题，本书将在第四章进行重点分析。

2.1.4 产业生命周期理论

产业生命周期理论是产业演进理论中有关整个产业从出生到成熟过程中，产业内厂商数目、市场结构、产品创新动态变化的理论，是在实证基础上对产业生命周期进行研究的现代产业组织学的重要分支之一。根据西方学者的研究，当一个产业刚出现时，进入的企业数量日益增多，进而达到顶峰，再又降到一个较低的水平；在产出形成初期，市场份额变化迅速，尽管市场持续增长，但随后进入者减少，退出超过进入，生产者数量上有降低；产品创新、产品竞争性观念的多元化下降，企业的努力放在生产工艺上，市场份额趋于稳定。上述有关演进的模型被称为产业生命周期（the Industry Life Cycle, ILC)[62]。产业生命周期示意图如图 2.6 所示。

一个产业的存在与发展不仅取决于整个生产力的发展水平，而且取决于社会经济需要的变化、资源的供给状况和自我更替能力。如果某种产业不再为社会经济所需要，或者它所依赖的

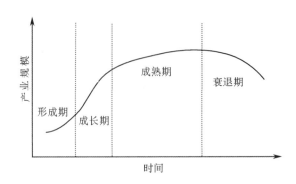

图 2.6 产业生命周期示意图

资源近于枯竭，或者由于新的技术革命和大量新产品的出现使原有产品完全过时而遭淘汰，那么，这种产业存在的时间不会长久。

与产品生命周期以某个产品的市场占有率来衡量类似，产业生命周期用某个产业的增加值在全部产业增加值份额中的变化和产业增加值的增长率与全国平均增长率的比值来反映周期变化，以后者为主，用于衡量某个产业增加值的变化在国民经济中所有产业增加值变化的相对态势，该值大于 1，表明该产业比其他所有产业的增长速度都快，说明这一产业处于产业经济周期的上升阶段；当该值从大于 1 转变为小于 1，这一产业相对稳定，产业增长的来源只有人们正常收入来支持，与国民经济增长保持一致，说明产业进入成熟阶段；而该值从正值变成负值时，该产品的消费者支出水平小于平均消费水平，有一部分消费者转移到其他方面，说明该产业进入衰退阶段。以此为标准，亦将产业生命周期划分为形成期、成长期、成熟期和衰退期。

在形成期，出现了全新的产品，它具有对传统产品功能上的高度替代性、高度互补性，代表了人们消费的方向（即满足收入需求弹性高的条件），且在技术上有较大的独立性。新兴产业最初可能隐藏在某一传统产业之中（也可能与军事生产活动有密切关系），但在即将进入成长期时，这些活动将独立出来，并且实现了商业化。正因为如此，人们经常会误以为这只是一些局部的产品改进，而没有看到即将进入高速成长的产业前景，失去了与产业同步发展的机会。而那些有独立创业精神的企业家则坚持不懈，使产品在市场上产生影响创造出市场需求，并引起一批跟随者加入，产业才逐渐专业化并独立出来。这一点与产品生命周期有很大不同。当人们注意到可以称为产业的活动，这个产业已经完成了从母体产业的孵化，开始步入产业成长阶段。电子计算机产业最初生存于机械制造业中，软件业最初生存在计算机制造业中。大量的例子可以证明，新兴产业的形成期是难以观察到的，那些后来没有成为产业的经济活动，悄悄消失在原来的产业之中，而能够被观察到的，都是后来成长起来的产业。

在成长期，新产业从不完善、不成熟逐渐走向成熟，其标志是，品种逐渐齐全，技术不断完善，产品标准逐渐形成，供货渠道稳定。在这个过程中，不断改进的产品在市场上被保留下来，而传统产品逐渐被淘汰掉，虽然竞争还未达到白热化程度，但竞争强度在日益加大。市场规模的扩张对传统产业的投资者产生了强大的吸引力，要素向该产业流动，如果新兴产业对传统产业有一定的替代性，这种要素的转移将更加明显。市场规模的形成意味着聚集效应的形成，对外部协作产业的需求，使这些企业能够与本产业形成明显配套生产体系，对本产业产生巨大的支持作用。这一时期的产业聚集能力最强，产业扩张速度最快，是人们通常所说的朝阳产业。

产业成熟期，也称为产业的强盛期或繁荣期。产业的快速发展，使产业规模达到或接近最高峰，其产量、销售量、就业、对国民经济的贡献达到最大，相对增长率开始逐渐下降并接近于1，产业体系形成，产业内部竞争日趋激烈。这时产业核心技术的潜力基本挖掘完毕，同步的创新趋于停止，产业利润从成长期的垄断利润转变为完全竞争下的正常利润。产业内部分工更加细化，并由此孕育着新的产业基因，一种情况是配套产业得到独立，另一种情况是人们舍弃核心技术，从内部替代。当然，产业替代因素并不是完全产生于产业内部，有时会产生在产业外部，产业的市场份额开始下降，产业衰退期到来。

衰退期或萎缩期。这一时期产业综合生产能力出现非周期性过剩，主要产品开始滞销和长期积压，产品产量出现负增长，呈逐年下降趋势，众多的厂家因利润率下降、成本上升、市场竞争激烈开始退出这一产业而转向其他领域。企业生产设备陈旧过时，开工率普遍不足，多数企业没有盈利，甚至亏损。

高技术产业的发展同样遵循产业生命周期规律，在高技术产业发展的不同阶段，产业的特点、对于政府的职能需求以及政府与市场的作用定位都是不同的。在充分认识高技术产业发展的生命周期及各阶段特点的基础上，厘定政府的管理职能，并采取有针对性的措施，对于提高政府高技术产业管理竞争力和高技术产业国际竞争力具有重要的理论及现实意义。

2.1.5　后发优势理论

美国著名的经济史学家格申克龙在总结德国、俄国、意大利等国经济追赶成功经验的基础上创立了后发优势理论。格申克龙认为，一国工业化前提条件的差异将影响到其发展的进程，相对落后程度越高，其增长速度就越快[63]。在格申克龙之后，阿伯拉莫维茨将后发优势理论提高到一般性的理论层次，提出一国经济发展的初始条件与其经济增长速度呈反向关系的追赶假说[64]。伯利兹、克鲁格曼、兹东等提出蛙跳理论，认为后进国家的后发优势，不仅体现于跟随性的模仿创新，而且体现于在技术发展到一定程度、本国已有一定技术创新能力的前提下，后进国可以直接选择和采用某些处于技术生命周期成熟前阶段的技术，以高技术为起点，在某些领域、某些产业实施技术赶超[65]。格罗斯曼和赫尔普曼通过比较一国在自给自足和完全开放这两种条件下技术进步和经济增长的差异，建立了一个开放经济条件下经济增长的一般均衡模型。他们指出，对发展中国家而言，模仿作为一种知识和技术溢出形式对发展中国家的经济发展具有关键性作用，引进外资、加速技术进步不仅可以提高本国生产资源的利用效率，还能改善南北贸易条件。同时发展中国家的模仿与发达国家的创新之间存在着一种正反馈的关系：创新是模仿的前提和基础，模仿反过来又刺激创新行为，导致发达国家的创新率和增长率上升[66]。范艾肯建立了一个开放经济条件下技术转移、模仿和创新的一般均衡模型。他认为，在开放经济条件下，通过技术扩散的外溢效应，任何一国技术投资的增加都可能同时导致本国与其他国家经济的增长和收入水平的上升。因此，一国的技术引进学习模式将始终处于动态改进的状态之中。经济落后的国家可以通过大量的技术模仿提高本国的技术水平，但是随着模仿技术的增多，技术模仿的成本也逐渐增加，因而，在形成了一定的技术能力之后，一国将从技术模仿阶段转向技术的自我创新阶段[67]。

后发优势理论经过 40 多年的发展，已经取得了长足的进展。目前，后发优势的研究在主要观点上已经达成了某些共识：例如，由于后发优势的存在，发展中国家不会、也没有必要按照统一的模式重走发达国家走过的老路，各个发展中国家应根据自己的情况选择不同的发展道路。由于后发优势的存在，发展中国家必须充分借鉴发达国家的成功经验，进行技术的模仿创新、制度的借鉴改造、结构的优化升级。特别是在全球化的新形势下，后发优势的表现更加突出，影响更加明显。中国作为一个发展中国家，必须抓住这一历史性机遇，化消极因素为积极因素，提高参与全球化的能力和水平，充分利用后发优势更快更好地发展。在高技术产业领域，中国应当充分利用技术的后发优势和政府管理的后发优势。

第一，技术的后发优势。大多数先进的科学技术是由发达国家发明创造的，是由发达国家花费了巨大的经济、物质和时间投入而发明创造出来的，这些先进科学技术知识被认为是公共产品或准公共产品，具有很大的溢出效应，这对于科学技术比较落后的发展中国家来说是一个非常有利的条件。发展中国家一般不需要投入巨大的资源来重新研究和开发这些已经存在的科学技术，他们只要花费相对较少的经济、物质和时间投入就可以把这些科学技术学合并运用于生产之中。这一方面节约了发展中国家的大量资源，另一方面也缩短了与发达国家的技术差距，使发展中国家能够比发达国家发展得更快。除模仿创新之外，一个重要的技术上的后发优势就是技术的跨越式发展，即在一定条件下跨越技术发展的某些阶段，直接进入技术的前沿领域与发达国家展开竞争。如日本没有经过西方蒸汽动力阶段，而是绕过这个阶段，直接进入大规模水力电气阶段。通过走捷径，日本成功地用 50 年左右的时间走完了西方现代化国家

200 年才完成的历程[68]。信息化已成为现代社会的主要特征，充分利用先进国家开发的现代信息技术加速后发国家经济发展和工业化步伐是新时期发挥技术后发优势的一个重要方面。

高技术产业是知识和技术密集的产业，后起国家可以学习和引进既有的技术，减少研发时间，迅速缩短与发达国家之间的技术差距并进行赶超，政府还可以通过各种政策手段激励和补贴企业引进、开发和应用先进技术，推动高技术产业超常规发展。发达国家对于高技术虽然实施一定的保护政策，但随着全球化的发展、国际制造业向发展中国家转移的加速，中国完全有可能获得高技术的后发优势。因此，我国应紧密追踪世界高技术及高技术产业发展的趋势，抓紧出台相应的政策法规，促进高技术引进及消化吸收，提高高技术及高技术产业的国际竞争力。

第二，政府管理的后发优势。政府管理的后发优势是指发展中国家学习、效仿和借鉴发达国家政府的先进管理经验及制度，并经本土化改造所产生的效率和益处。政府管理经验及有效制度的形成，是一个需要支付高额代价的不断试错的过程，经过反复、动荡、危机以至战争等才能形成，而管理经验和制度又是一种公共产品，一旦形成并行之有效，后来者就可以避免这种试错的高额代价，通过经验和制度的移植、模仿和创新，节约经济发展的创新成本和时间成本，以相对较小的社会成本和代价取得相对较大的发展收益。从制度的可移植性来看，正式规则尤其是那些具有国际惯例性质的正式规则是可以从一个国家移植到另一个国家的，并且制度转让并不像技术转让那样涉及知识产权（专利权）和技术转让费之类的问题，这将大大降低制度创新和变迁的成本，降低正式规则建立的成本、特别是时间成本。同时，在开放经济中不同制度安排的效率差异会得到鲜明对比，从而产生改善不合理制度的强大刺激，不仅能够产生强烈的诱致性制度变迁动力，而且由于政府在制度比较中对新制度的预期收益更加明确，对实现制度变迁的有效途径的认识更加清楚，因而也会促成政府推动强制性制度变迁，消除既得利益集团的阻挠。开放经济中的制度创新不同于原来在一个国家框架下提出的制度创新，它不再只是一个国家内部的制度变迁，其制度创新的动力不仅来自于国家内部经济基础与上层建筑的矛盾运动，而且还来自全球经济发展趋势的影响，受到国际经济竞争与合作的影响，制度所涉及的问题有很多也超出了某一国家的界限和范围。对一个相对封闭和缺少国际竞争的社会，制度选择的空间较大，这个社会完全可以根据其偏好决定其制度。但是，随着社会开放度的提高，一国所面临的国际竞争日趋激烈，制度选择的空间就有缩小的趋势。对于一个国家而言，为了适应国际竞争与合作的需要，其制度安排也逐渐向国际通行的制度靠拢。经济全球化使各国的制度趋同的倾向越来越明显了[69]。

国内长期从事"后发展经济学"研究的陆德明教授提出了政府第一推动力假说。他认为，后发国家在发展初期，为了克服起步阶段的初始障碍，充分利用后发优势，政府应发挥第一推动力的作用，促进经济快速发展。这一理论，已被"东亚奇迹"所证明[70]。日本就是通过国家强力干预取得成功的典范。它在发展高技术产业方面就是以政府为主导、民间为主体的模式，连年出台发展高技术产业的产业政策和科技计划，由政府亲自挂帅参与和组织大型项目，推动高技术产业的迅速发展，使日本一跃成为经济和科技强国。我国要在短时间内实现高技术产业的跨越式发展，赶上和超过发达国家的经济发展水平，就必须借助于政府的力量，大力强化和创新政府在高技术发展中的管理功能，以强有力的政府和高效的市场共同推进我国高技术产业的发展。尤其是当前新经济在世界范围内尚处于起步阶段，许多产业形式刚刚出现，此时抓住时机，大力发展高技术产业，完成高技术的产业化和对传统产业的改造，将有可能在短时期内大幅度地提高经济发展水平。在这一特殊阶段，我国政府更应当关注高技术产业的发展变化，努力实现政府管理创新，对发展战略、重点领域、技术政策以及各种重大问题做出选择，在关键性领域集中力量实现重点突破，加速高技术产业的发展。

后发优势的发挥过程，是结合中国国情不断探索和创新的过程。在改革开放以来的制度变迁中，不同的国际参照系为我国提供了有益的比较和借鉴，但无论是东亚成功的发展模式，还是欧美成熟的先发经验，都不可能全盘"拿来主义"，必须结合中国国情进行改进创新才能发挥效益，也才能使潜在的后发优势转化为现实的后发优势。特别是在由计划经济转变为市场经济的过程中，对我国这样一个处于社会主义初级阶段的发展中大国而言，没有现成的道路可走，没有现成的规矩可循，其内部创新的主导作用绝不亚于先发国家。改革开放以来中国特色社会主义的经验证明，现代化先行国家的正反两方面的历史经验固然可以作为启示、借鉴，但不等于可以照搬照抄，更不能全盘西化。由于各国国情不同，面对不断变化的国际环境，必须致力于开创适合自身内外条件的新道路、新模式，从目标模式到道路的选择，都必须结合国情与国际形势的变化进行内在创新。后发优势理论的一个重要结论，也就是由于后发优势的存在，发展中国家不会、也没有必要按照统一的模式重走发达国家走过的老路，各个发展中国家应该根据自己的情况选择不同的发展道路。

2.2　相关概念的厘定

第一章中已经介绍了国内外学者对高技术及高技术产业的定义。本书认为，尽管国内外学者对高技术及高技术产业的界定从不同角度阐述了各自的不同观点，但经过几十年关于高技术及高技术产业的研究，中外学者对高技术及高技术产业的重要特征已取得了某些共识，本书将在分析借鉴这些共识的基础上，对高技术及高技术产业加以界定。

2.2.1　高技术

2.2.1.1　高技术的概念

对于高技术的概念，可以从以下几个方面来理解。

首先，就技术结构层次而言，高技术是在较高水平的科学研究或最新的技术成就的摇篮里孕育滋生的新技术，是以尖端科学理论为基础的。它标志着高技术本身的水平是"高"的、"前沿"的、"尖端"的。从前文的文献分析中也可以看出，不论是科技专家还是经济界人士抑或政府机构，都基本认同高技术应该是指那些符合未来技术发展方向的先进技术或技术群，只是由于不同的机构和研究者在研究问题时所关注的侧重点不同，因而在解释高技术这一概念时在基本判断一致的前提下表现出了各自不同的倾向。

其次，高技术不是一个单纯的技术概念，还具有经济含义，是科学技术的先进性与经济发展性的统一。由高技术开发出的高技术产品具有巨大的商业价值，只要不失时机地开发具有独占性的高技术产品并占领市场，即可获得高额利润。实际上，在大多数发达国家，相对于科学技术领域而言，高技术这一概念被更普遍地应用于经济，特别是贸易领域。高技术的发展最能体现技术进步与经济增长的相互作用。高技术在一定程度上反映了一国的综合国力。

再次，高技术是一个动态的历史概念，具有相对性，它随着人类社会的发展，特别是科学技术研究的进展而具有不同的时代含义。在不同的时代，高技术的范畴是不同的。比如，活字印刷术曾经是 11 世纪的高技术，而"木牛流马"则是三国时期的高技术，但是，随着社会的发展和科技的进步，它们现在都已不再是高技术，成为供今人研究古代技术水平的例证。

因此，笔者认为，高技术的概念可以界定为：基于最新技术成就，处于科学技术发展前沿，代表技术发展方向并具有实际应用价值或潜在的高经济效益的新技术或技术群。高技术是高深的科学原理向物质生产力转化的中间环节。

对于高技术的定义，有三点必须加以说明。首先，从技术发展的角度来考察，人类社会发展到现阶段，科学发现的速度相对减缓，当代的许多技术发明和技术创新并非源于最新的科学发现，其基本原理和概念往往是建立在以往的科学发现基础之上，高技术的发展通常是得益于相关技术手段改进或引致的技术水平提高。也就是说，高技术并不是完全以最新的科学发现为基础，而只是以最新的技术成就为基础。比如，属于电子信息技术领域前沿的超大规模集成电路的基本原理就是在 50 多年以前发现的。因此，此处强调"高技术应当是处于当代科学技术前沿"，要比仅仅强调"以最新科学发现创造为基础"更能恰当地反映高技术的内涵。其次，强调高技术应该"代表技术发展方向"可以将高技术与技术发展过程中出现的某些相对新颖的一般性的新兴技术区别开来。因为某些新技术就技术水平而言可能达到了较高的层次，但由于其所采取的技术线路不尽合理，不符合未来技术发展的方向，因而也不能称之为高技术。第三，从经济范畴考虑，我们只能认为从长远的观点和整体上来看高技术应该具有高效益，但是，具体就某些高技术而言，在其发展初期往往由于缺乏实用性，不能产生较高的经济效益。这类技术一般只具有潜在的高经济效益，但当其发展到实用阶段并形成规模后，必将产生巨大的经济效益。

2.2.1.2　高技术的特点

高技术虽然是一个动态的历史概念，其所涵盖的具体技术领域将随着社会经济和科学技术的发展而发生变化，但是，与同时期的普通技术和传统技术相比，高技术具有某些与众不同的特点，正是由于高技术所具有的这些基本特征，使其对当代社会以及经济发展具有极其深刻的影响。

（1）智力和知识高度密集

高技术的"高"首先就表现在其开发和应用过程中对智力和知识资源的要求很高。与传统技术相比，高技术的发展更多地取决于包括知识、智力在内的无形资产的作用。高技术的研究和开发需要大量既具有精深的专业知识又有广博的知识面，拥有丰富的想象力、积极的创新精神和强烈竞争意识的优秀人才共同协作，进行创造性的劳动，而高技术的实际应用，也要求有一大批具备较高职业技能和必要科学知识的经营管理人才和生产技术人才。高技术的发展完全是人类知识不断积累、拓展的结果。

（2）高度创新性

技术上的高度创新是高技术最基本的特征之一。高技术一般是指有突破性的、处于科学技术发展前沿的尖端技术领域，是新兴技术领域中高层次的技术，其发展往往是建立在现代科学技术知识以及多学科交叉的基础上，是基于大规模科学研究和重大发明创造的创新。高技术通常在技术手段或技术观念上实现了重大突破，开辟了与以往的技术工艺或生产过程存在根本区别的技术途径，表现为技术发展过程中的间断性和飞跃。因此，高技术的发展和应用往往可以促进产品的品种、质量以及劳动生产率出现质的改进和提高，形成新的技术或产业领域，使生产力水平实现巨大飞跃，从而可能促使社会生活和经济发展到一个崭新的阶段。

（3）高投入

高技术是知识和技术密集的新兴技术群，这也就决定了在高技术的研究开发及其产业化发展过程中需要的投入远远高于一般的常规技术。高技术的高投入表现在人力资本和物质资本两个方面。从人力资本方面来看，一项高技术的成功开发通常是许多高水平的科技人员共同协作研究的成果，而这些科研人员的教育、培训费用很高，相应地其索取的劳动报酬也很高，因而发展高技术的人力成本十分高昂。另一方面，高技术的研究开发和应用往往还要求投入大量高、精、尖的仪器和设备，某些技术甚至对于研究和生产环境也有一些特殊的要求，从而所需要物质资本的投入也是巨大的。特别是那些具有极高战略意义的国家级尖端高技术开发项目所需要的资金投入甚至也是国家级的，并非某一企业所能独立承受的。如美国的"曼哈顿"计划耗资约 20 亿美元，"阿波罗"登月计划耗资逾百亿美元，这在当时都是天文数字。而当代高技术的开发成本更是有增无减，欧洲空中客车公司仅为研制取代波音 747 的 A3XX 超大型 600 座客机就投入约 80 亿美元。

（4）高增值性

高技术是一个技术经济概念。高经济性和高投入产出比是其最重要的特征之一。高技术作为一种创新性成果，当其应用于生产过程后，可以大幅度地改善产品的性能，显著地提高生产效率和资源的利用效率，极大地降低生产成本，取得可观的经济效益。而且，运用高技术还可以创造出新的市场机会，其提供的新产品或服务的利润率也远远高于基于常规技术的产品或服务的利润率，从而可能为高技术的拥有者或应用者带来高额的投资回报。必须说明的是，高技术的高增值性并不完全表现为现实的高效益，还包括其潜在的、可能产生的高效益。通常，高技术的高增值性只有在投入实际应用以后才能体现出来。

（5）高风险性

与高增值性相伴随的是高技术的高风险性。任何技术在开发和应用过程中都会面临一定的风险。阿罗认为技术创新过程的突出特征之一是不确定性[71]，多西也指出在新技术的探索、开发、挑选和扩散过程中存在着尚不知道如何解决的技术经济问题，准确地追踪行动结果是不可能的。由于高技术大多数处于当代科学技术的前沿，具有明显的超前性，其技术发展线路表现出更多的复杂性和多元性特点，因而在高技术的研究和开发过程中的不确定因素更多，可能存在的风险更大。除了技术开发中的高风险以外，高技术的高风险性还体现在市场方面。开发成功的高技术最终必须接受市场的检验，只有在激烈的市场竞争中适时、恰当地迎合市场需求，才能获得高回报。但是由于市场上往往缺乏与新出现的高技术相关的供求信息，高技术及其产品的市场前景不明朗，对于现有的消费结构、市场结构和经济发展的影响也难以确定，加之在高技术的开发和应用环节所耗费的资金和时间要远远高于常规技术，从而使高技术面临着比一般的常规技术更高的市场风险和经营风险。对于高技术及其产品市场的未来发展前景所做出的判断及相应的决策，将直接影响到高技术企业的发展前途，美国王安电脑公司在20世纪90年代对于个人电脑市场所做出的错误判断导致其迅速破产的事件即是一例。

（6）高竞争性

竞争是推动高技术发展的一个重要外部动力。实际上，高技术领域的高度竞争性无论是在广度还是在深度方面都表现得比常规技术领域更为突出。一方面，高技术的发展速度快，较强的时效性以及可能产生的高回报，使得先进的高技术及其产品所面临的市场竞争十分激烈；而另一方面，许多高技术以其特有的科学技术实力，对一国政治、经济、国防甚至在世界格局中所处的地位产生不可忽视的影响，这类具有战略意义的高技术，实际上已成为衡量一国经济、科技、军事等综合实力的重要标志之一。从而，当代高技术领域的竞争已经远远超越了企业和产业发展层次而成为国家综合国力竞争的"制高点"。在这种情况下，研究开发那些具有重要战略意义的高技术项目，就不仅会影响到某些企业或行业的发展，甚至有可能成为国家当前利益和未来希望之所在。

（7）高扩散性

高技术活动是技术创新、经济贸易、生产管理等多种社会活动的结合，它的渗透力和扩散性远远超过了技术本身，对产业结构、社会变革、生产方式、思维方式乃至观念都将产生深远的影响[72]。成功的高技术往往是建立在多学科相互交叉，多种知识彼此融合的基础上的，是诸多不同学科专业人才共同合作的成果。因此，高技术的多学科综合性极大地增强了其在相关领域的实用性和可移植性。高技术的发展，一方面可能导致新的产业部门出现，促进经济结构的变化和经济规模的扩大，推动经济的发展；另一方面，高技术融合渗透于传统产业部门，可以增强其产业活力，提升竞争力，从而广泛地促进传统产业实现现代化，加速国民经济的发展进程。现在，以计算机以及网络技术为代表的信息技术就已经广泛渗透到社会生活的各个方面并在很大程度上改变了人们的工作和生活方式，促进了经济和人类社会的发展。

2.2.2　高技术产业

2.2.2.1　高技术产业的界定

正如同对高技术的理解并不完全一致一样，目前，世界各国对于高技术产业的含义也没有形成统一的认识，存在着多种不同的表述方式。尽管不同的观点对高技术产业进行了诸多不同的定性描述，但这一概念在以下几个方面是明确的：第一，高技术产业是一个类别概念，是相对于传统产业或基于常规技术的产业而言的，而并非具体的产业称谓，通常包含若干个不同的产业门类；第二，就产业而言，它是一个集合概念，是由若干企业组成，因此，高技术产业指的是企业群体而非单个的企业，它通常包含许多形成一定规模的高技术企业；第三，产业与技术并非一一对应，不是所有的高技术都会发展成为高技术产业。某类高技术是否能形成产业一方面取决于该技术能否投入实际应用或能否利用该技术提供高技术产品或服务，另一方面还取决于高技术和高技术产品与服务的市场价值；第四，高技术产业不仅要求在生产过程中运用和投入了高技术或高技术产品，而且其所产出的也应该是高技术产品或是以高技术为基础的服务，否则只能认为是运用了高技术的传统产业而不能称之为高技术产业；第五，某些高技术产业在生产过程中可能既采用了高技术，还使用了较多常规技术，但其产品仍然属于高技术产品；第六，高技术产业应具备从事高技术研究、开发和应用的能力，那些只是进行标准化的高技术产品加工装配的企业不属于高技术产业；第七，与高技术一样，高技术产业也是一个动态的概念而不是一成不变的，在不同的发展时期，高技术产业的范畴不尽相同[73]。技术发展的长波理论表明，某些产业部门在不同时期具有明显的创新技术特征，从纺织、钢铁到小汽车、飞机和微电子，一些与此相关的产业在不同经济增长时期都表现出了高技术产业的特征。从这个意义上来说，一国高技术产业的确立是十分细微、复杂和科学的工作，不能简单照搬其他国家的模式，也只有按照国情（主要包括科技发展水平和生产发展水平等）选择高技术产业，才具有本土性。

基于以上认识，综合关于高技术产业的不同表述方式，可以认为，从一般意义上来看，高技术产业是相对的、动态的概念，是从事各种高技术的研究、开发、生产、推广、应用等所形成的企业群的总称。它是把生产过程和最终产品或服务建立在高技术基础之上的产业，是知识和技术密集型的产业。高技术产业通常包括若干个不同的产业部门，这些产业部门一般都具有较大的市场需求，其发展速度也明显快于传统产业并且有较高的潜在或现实经济效益。

2.2.2.2 高技术产业的特点

高技术是处于科学技术前沿的新技术或新技术群，与一般的传统技术相比，高技术具有智力和知识的高密集性、高创新性、高投入、高增值、高风险、高竞争、高扩散等特点。相应地，以高技术研究、开发、推广和应用为基础发展起来的高技术产业也具有明显区别于传统产业的技术经济特点。由高技术的特点所必然衍生出的高技术产业的特点，如技术和知识高度密集性、高投入、高风险性，等等，本书在此不再赘述，着重从高技术产业内部各要素及高技术产业与传统产业的关系等方面探讨高技术产业的特点。

（1）系统性

本书所指的高技术产业系统性包括以下两方面：一是高技术产业中各项技术之间的系统性。二是高技术产业发展中科学、技术与生产之间的系统性。

① 高技术产业中各项技术之间的系统性。从系统论的视角研究高技术产业可以发现，当代高技术产业中各项技术之间是一个紧密相连的大系统。例如，航天产业可谓是大系统的高技术产业，集当今世界各种技术之大成。新材料的半导体可谓小系统的技术，即使这样的小系统技术也必须是以"超纯""超净""超精"三超技术为基础的。而海洋工程技术、新能源技术、机电一体化技术、电子信息技术等技术系统的大小度是介于航天与新材料之间的。当代高技术的各个体系的发展具有极高的难度，并不是有了资本就能发展起来的。高技术体系之间除了自身的独立性之外，相互之间还紧密关联。总的看来，新材料和电子信息技术是基础技术，机电一体化技术是中间技术，新能源技术则以新材料和电子信息技术为基础，以机电一体化技术为途径实现的，大系统的航空航天技术则是这些技术皇冠上的明珠，代表着高技术的最高水平。

② 高技术产业发展中科学、技术、生产之间的系统性。考查近代科学、技术、生产力的发展，可以清楚地看到如下几个基本特点。

第一，近代科学技术成果转化为生产力的过渡期越来越短，即科学技术转化为生产力的周期在缩短。据有关资料显示，18世纪，科学技术转化为生产力的周期约为一百年，第一次世界大战以前为 30 年，两次世界大战之间为 16 年，第二次世界大战之后缩短为 7 年，70 年代末以后又进一步缩短到 3～5 年，甚至 2～3 年。

第二，科学、技术和生产经营相分离的现象逐步消除，互不可分。其主要标志是：科学与技术更加接近，相互作用进一步加强，界限日趋模糊，从基础研究到技术发展的周期逐步缩短；技术与生产经营的关系日益紧密，这使得科学、技术、生产经营之间更加密不可分。

第三，科学、技术、生产经营统一创新。科学技术化、技术产业化、产业规模化，使研究、开发、生产经营成为集中、统一、连续的系统过程，科学的创新带动着技术的创新；技术的创新推动着生产经营的创新；生产经营的创新为科学的再创新开辟新的领域，为技术的创新提出更新的要求；技术的创新为科学再创新提供了新的手段和途径。它们的创新是统一的动态系统过程。

所以，在高技术产业的发展过程中，一方面科技、教育、生产必须是一个开放的系统，互相开放，互相作用，必须改革已有的不适宜的科技、教育、生产系统，形成科研、教育、生产互动的新系统。另一方面政府要为科技、教育、生产的互动，创造良好的体制和社会条件，政府的主要功能不是直接参与高技术产业发展，而应当着重培育一个有利于合作的社会环境。

（2）互动性

这里所指的高技术产业的互动性主要包括以下两个方面：一是高技术产业与传统产业的互动性；二是高技术产业之间的互动性。

① 高技术产业与传统产业的互动性。高技术产业与传统工农业技术有紧密的关联，高技术产业是以传统产业技术为基础的。因此，工农业技术越发达的国家和地区，高技术产业发展的可能性就越大，而工农业技术越落后的国家和地区，高技术产业发展的可能性就越小。以小系统的半导体材料技术为例，工业技术发达，三超技术才能得以实现。

从技术市场的角度看，没有工农业技术的大力应用，就没有当代高技术产业的诞生。工业技术也是高技术应用的市场之一。高技术在工业中的应用和融合，可以极大地提高工业技术的水平，并产生新型的技术。如机电一体化技术就是由机械技术与电子信息技术融合而后创新生成的；生物农业技术就是经由农业技术与生物技术融合后经创新而生成的；核能发电技术则是由传统的发电技术与核能技术融合创新而成的。因此，当代高技术产业与传统工农业技术及传统产业紧密关联是当代高技术一旦发明就以群聚姿态集中出现的内在动力之一，也是工农业技术越发达的国家和地区，高技术发明和裂变的速度越快的技术动力机制得以形成的主要原因之一。此外，传统产业对高技术产品的需求，能拉动高技术产业的发展，高技术在传统产业中的应用，能推动传统产业的升级和发展。

② 高技术产业之间的互动性。高技术产业发展能带动与其相关的技术产业的发展，以机电一体化技术为例，机电一体化技术除了离不开传统机械技术的支持之外，还离不开相关的控制技术、传感技术、电脑技术、软件技术等一系列高技术的并行支撑。几十年来，高技术产业开发园区发展的理论和实践都表明，高技术产业园区除了创造高技术产业创业的良好氛围外，还有一个重要功能，就是适应高技术产业发展的需求，实现产业群的聚集效应。美国的硅谷就具有这样的功能，它成功地实现了信息电子产业集聚效应[74]。

所以，发展高技术产业，首先要分析其技术的基本构成，抓住其起龙头作用的技术，扶持该技术产业的发展，并利用市场机制带动相关技术产业的发展。政府可以为高技术产业发展创造一个小天地、小环境，以便于更好地集中一定的财力、物力和人力资源。

从高技术的技术系统性分析可知，一个国家高技术产业发展难以孤军深入，高技术之间、高技术产业与传统产业之间存在着密切的联系，一项高技术产业的发展受到相关科技水平的制约，也受到传统产业的制约。如印度发展单一软件产业是可能成功的，但全面发展信息产业或高技术产业就很困难。因此，发展高技术产业必须实现工业化，必须突出本国优势，而不应盲目出击，在高技术产业发展方面追求面面俱到。高技术产业具有扩张效应，其发展能够带动与之相关的技术产业的发展。政府应该采取一系列促进高技术产业发展的政策和措施，推动整个经济的发展。发展高技术产业不能遍地开花，分散建设或重复建设，必须充分发挥资源的集聚效应，以更好地发挥高技术产业发展的加速效应。

（3）高技术产业发展的创新价值关联性

高技术产业发展的创新价值关联性，主要是指在高技术产业发展的技术经济系统动态进程中，每一个创业周期之间，以及在单个创业周期内，创新的经济价值是相互关联的。在单个创业周期内，高技术由研究开发到产业化，到规模化，到再研究开发。研究开发出来的高技术的价值与产业化的产业价值以及规模化的经营价值是紧密关联的。所谓高技术产业发展的产、学、研模式，其内在的根本动力就是高技术产业发展的创新价值关联性。高技术的技术价值不仅要有技术的先进性，还要有技术的成熟性和市场的经济性。我国有很多国际级的先进技术科研成果，但由于成熟性和市场性差，难以拓展为高技术产业。造成这一后果的根本原因就在于技术的先进性与成熟性和市场性脱离。高技术产业发展在其相关的范围内，它们涉及的技术领域若是并行关联的，其价值必然是并行关联的。如果所涉及的技术领域只有某项技术成熟，而其他技术不能过关，该项技术虽然有经济性，但它们所支持的高技术产业仍不能很好地成长，不能获得经济性。一些发展中国家往往认为只要抓住关键技术，就可以发展本国高技术产业，而实际上，若其他相关技术不过关，则一样受制于人。在高技术产业发展创业周期之间的创新价值关联性是显而易见的。前一次创业业绩不佳，下一次创业必然要受到影响，而且由于高技术产业具有互相带动发展的特性，所以高技术产业的先发优势是很重要的。

（4）高技术产业发展对资本市场金融工具需求的多样性

高技术产业发展的投融资金融工具必须具有多样性。一般情况下，研究开发阶段以科技研究的方式投入，如在基础理论环节，多以国家资助的方式投入；在由基础理论向技术转化的环节，其投融资方式是国家研发资金与企业的研究开发资金为主要的投资；在科技成果商品化的环节，以及由科技成果创新出新企业的环节中，往往以风险投资方式为主，而在产业化中后期以及生产经营规模化阶段，往往以资本市场的产权交易、证券融资以及信贷市场的资金拆借等为主要投融资方式。高技术企业从研究成果到产业化、规模化的过程，就是企业发展的过程，在科研成果产业化过程中，由于风险很大，必须依靠风险资本来推动。当风险企业发展到一定的规模后，必须上市，让风险资本退出，而规模化了的高技术企业也要从信贷市场获得资金，而且要通过增发新股、配股等多种途径获得新股本，以支持企业的发展[75]。

2.2.3　政府管理创新

2.2.3.1　政府管理创新的界定

创新有广义与狭义之分。狭义的创新指创造出新的不同于以往的事物。如美国经济学家曼斯菲尔德（Mansfield，E.）认为，创新就是"一项发明的首次使用[76]"。广义的创新是指人类在实践活动中取得的有利于人类社会发展的各种飞跃或进步，不仅包括新创造出的事物，还包括对旧事物的改造与突破。创新不仅包括技术创新，而且包括制度创新、文化创新、教育创新、管理创新和理论创新，等等。

对于创新的含义，我们可以从以下几个方面来理解：从前提来看，创新不是一种脱离自然规律和社会条件的"生造"，也不是一种脱离现有知识体系的冥想，而是尊重客观规律，充分运用现有知识体系的活动。从目的来看，创新是一种有目的的活动，这种目的可能是一个目标，也可能是为了适应某种形势发展的要求，或是满足某种内在的或外在的需要。从主体来看，创新是一种主体性行为，这种主体可以是个人，也可以是某个组织或者国家机构。从对象来看，创新不只是对错误的否定，更主要的还是对现有的、陈旧的、传统的突破。从类别来看，创新有产品创新、科技创新、体制创新、思想观念创新、方式方法创新以及组织活动创新，等等。从结果来看，创新可能是一个发明、一项产品，也可能是一项组织制度和原则，甚至还可能只是一种设想，但是都必须是新颖的、独特的和有价值的。

本书中的政府管理创新是指广义的创新，是政府为了一定的目的，在突破现有的管理目标、管理思想、管理体制、管理方法和手段等方面的前提下，并对之进行的新颖、独特、有价值的创造性活动。在这里，政府管理创新的目的是要使政府管理能更有利于维护阶级统治、保证国家安全与社会秩序，更好地促进生产力的发展、提高社会文明程度与人民生活水平。总而言之，就是要使政府管理适应生产力发展的要求。政府管理创新并不是要完全脱离现有的管理思想、管理体制等去另辟蹊径，而是要在现有条件的基础上，对不适应生产力发展要求的部分进行改革与创造。同时还应该看到，与科技创新和产品创新等相比，政府管理创新更艰巨、更复杂，也更需要摆脱传统、陈旧的观念束缚，需要更多的与落后势力决裂的勇气和更多的不怕挫折、不畏艰难、一往无前的决心。

2.2.3.2　政府管理创新的内容

（1）管理观念创新

管理观念创新是指思想认识水平的进一步深化、思维习惯的改变和理论的创造等，它强调的是打破传统的思维定势和习惯，但并不是所有对旧观念的否定就一定是创新，如果这一否定没有创造新的价值，或者甚至还降低了原来的收益，则不能称其为创新，只能是叫做倒退、奇思怪想等。观念创新是十分重要的。首先，观念是支撑主体行动的重要因素，在特定的情况下会转变为巨大的生产力。正确的观念一旦成为一个人的信念，成为国家的意识形态，那么，在一定的条件下，观念会转化为生产力，会创造出巨大的物质财富。其次，观念决定战略目标的价值取向。人们面对一个问题时，最重要的不是把事情做得正确，而是要做正确的事情，所以首先要选好哪些是正确的事情，确定正确的战略目标离不开观念创新。

（2）管理制度创新

所谓管理制度创新，是指改变一种管理制度安排，实现其价值增值的过程。推动管理制度创新的主体，包括个人、团体和政府，但政府是管理制度创新的最重要的主体。相比较而言，政府在管理制度创新中具有强制优势、组织优势和效率优势，因而政府管理制度创新通常是交易成本最低的创新形式。首先，政府能够为个人和团体的管理制度创新提供外在制度环境的支持或约束。政府既可以创造宽松的制度环境以刺激和发挥个人、团体的创新需求以及创新能力，使个人或团体能够在局部实践中自发产生创新制度安排的想法，也可以通过一定的制度环境来压制或限制不符合政府需要的制度安排。其次，由于作为广义的政府拥有国家权力，加上政府一般都具有比较完整的组织系统，因而政府有能力以低于私人组织的成本进行某些活动，使推动管理制度创新所耗费的政治成本以及建立新组织的成本大大降低。第三，个人和团体的制度创新最终必须转化为政府的管理制度创新，才能得到推广并对社会经济产生效应。总之，政府的管理制度创新比个人和团体的管理制度创新的成本低、影响大、效果好。

（3）管理技术创新

管理技术创新就是管理的新颖性构思（新服务或改进）从研究开发一直到价值实现的全过程活动，是创造价值和实现价值增值的过程。管理技术创新既包括革命性、根本性的变化，又包括渐进的、微小的变化，即技术改进。衡量是否是管理技术创新，不能纯粹以技术性能的高低作为标准，而必须以它所创造的效益高低，即价值大小作为标准。还要注意，技术所创造的价值既包括短期的效益，又包括长期的效益。管理技术创新的主体并不仅仅是企业，参与管理技术创新的组织还有政府、大学、科研院所和各种咨询机构，管理技术创新是国家创新体系的一个组成部分，不能把管理技术创新仅仅看成或说成是企业的事情[37]。

2.2.3.3　政府管理创新的价值分析

（1）政府管理创新的基本价值选择——坚持社会主义方向

建设社会主义市场经济的核心是建立市场制度，而政府管理创新是建立市场制度的关键。削弱管理职能，加强服务职能是政府管理创新的总体趋势和最终目标。首先，政府管理创新要保证市场经济沿着社会主义方向发展。我国的社会主义市场经济，必须坚持社会主义发展方向。但是，市场机制不能自发产生社会主义经济基础，也不能自发地坚持为大多数人谋福利和走共同富裕之路。因此，政府必须高度重视在市场经济中如何保证社会主义方向，这也是社会主义政府管理创新所要解决的问题之一。其次，促进社会公平分配。在市场经济条件下，市场机制自发调节收入分配的作用是极其有限的，由于市场的作用和人们对利润的疯狂追逐，必然引起收入分配严重不公平。只有通过政府的调控作用才能维护劳动者正当的劳动收入，规范不正当经营或过高的利润收入，从而促进收入分配公平化。最后，加强宏观调控。市场经济的发展，市场机制的自发作用，不可避免地引起经济波动，出现周期性的衰退或高涨，甚至产生严重的经济危机。实现宏观调控是社会主义国家职能的一项繁重任务，在稳定经济方面发挥着极其重要的作用。通过建立有效的制度，引导资源配置，调整国民经济结构，可以实现经济结构的平衡，稳定金融秩序，减少资本市场过度投机，减少经济增长的不稳定因素，克服经济发展中的盲目性和不确定性。

（2）政府管理创新的核心价值——提高政府效能，促进社会进步和协调发展

政府管理工作的核心是效率问题。行政效率是在保证正确的政府管理活动目标以及有益成果的前提下，行政活动的产出与投入之间的比率。各国政府改革的实践一再证明，政府管理和其他任何管理一样都是以提高效率为基本诉求的。效能是在效率即有含义的基础上进一步引进效益"成本-收益"和"投入-产出"等分析工具而逐渐明晰的概念，它强调效率，同时也重视结果，注重绩效，以能否提供优质的公共服务满足社会公共需求作为衡量行政效能的标志。一般来说，政府和市场相比，由于本身所固有的公共性以及在产权等方面上的模糊性，它天生不具备提高效能的强烈的内在需求，因而效能问题成为各国政府面临的普遍性难题。毫无疑问，进入经济全球化时代以后，灵敏高效的政府管理既是回应现代社会生活的客观需要，也是判断一个国家、一个地区竞争力的重要指标。这就要求我国政府一方面要构筑一个分工合作、互相协调、合理布局、相互制衡的政府管理体制，另一方面在运作时讲究"成本-收益"分析，使每一个政府部门和人员的职、责、权、利高度统一，从而实现高效的"投入-产出"。

中国政府高技术产业管理创新

第 3 章 政府高技术产业管理职能分析

政府在高技术产业发展过程中发挥着重要的作用，研究探讨政府高技术产业管理职能及其有效发挥现已成为世界各国普遍关注的问题。政府高技术产业管理职能可以从静态和动态两个角度进行分析。静态角度的分析有利于把握政府高技术产业管理职能的整体特性，动态角度的分析有利于提高政府职能发挥的有效性及针对性。

3.1 政府高技术产业管理职能的静态分析

3.1.1 要素配置的调节职能

高技术产业的发展需要配置多种要素，其中相关人才、风险资本和技术可视为最关键的三种配置要素。保证这三种关键性要素的供给与合理配置，是促进高技术产业发展，提高高技术产业竞争力的重要途径。

3.1.1.1 相关人才配置

高技术产业的发展具有知识和技术密集度高的特点，在其发展的每一个阶段都需要配置一定数量的包括科研、管理和营销等各个领域的高素质人才。在高技术的发明和科研阶段需要一定数量的高水平发明家和科研人才；在高技术转化为产品的过程中需要一定数量的高能力企业家和工业设计人才；在形成大批量生产阶段需要一定数量的高技能技工人才；在销售和市场化阶段需要一定数量的高素质营销人才和管理人才。在高技术产业中，知识和技术成为一种稀缺的要素和"瓶颈"要素。

东北大学公共管理博士文库

而知识和技术在高技术产业发展的过程中发挥作用，往往要借助人才这个载体。因而掌握相关知识技能的高素质人才便成为高技术产业发展中的关键要素和主导要素。

高技术产业发展对相关人才的需求，引致出了对政府人才培养职能的需求。原因主要体现在两个方面：第一，人才的培养是需要耗费一定资源和成本的，并且具有很强的外部性。居民教育水平的提高不但会提高生产效率，还会减少犯罪率并推动整个社会经济的发展。这种外部性的存在造成了人才培养领域的"市场失灵"。这种"市场失灵"可以通过三种途径予以消除：其一是在符合科斯定理（Coase Theorem）①的条件下进行交易；其二是使外部效应内部化；其三是通过发挥政府作用进行调节。人才本身所具有的特点使人才交易成本很高，不能满足科斯定理的条件；至于第二种途径，使外部效应内部化必然会减弱人才的流动性，并会阻碍高技术产业发展的进程。因此，只有采用第三种途径，由政府出面，发挥政府的职能和作用进行调节。第二，从赶超的角度来看，提高教育水平和促进相关人才培养是实现产业迅速发展的重要途径之一。发达国家和发展中国家的差距主要是知识的差距。因此，高技术产业落后的国家要想促进高技术产业迅速发展并实现赶超，必须迅速提高人力资源储备并改善对相关人才的培养。仅仅依靠市场调节来改善人才培养满足不了赶超的需要，需要政府在教育和人才培养方面更加积极地履行职能，发挥作用。

3.1.1.2 风险资本投入

高技术产业的高投入性和高风险性特点，决定了其发展需要一个特殊的资本市场。高技术产业在其发展的不同阶段，往往需要不同的资金投入方式。

在研究与开发阶段，资金投入多表现为国家科技研究资助的方式；在基础理论向技术转化的阶段，资金投入多为国家研发资金或企业研发资金方式；在科技成果引发新企业的创建、

---

① 指在交易成本为零，只要产权初始界定清晰，并允许经济当事人进行谈判交易，就可以导致资源有效率配置。

科技成果商品化的阶段，多以风险资本投入为主；在产业中后期，以及规模化阶段，多以资本市场的产权交易、证券融资以及信贷市场的资金拆借等形式为主。传统的投融资市场是无法满足高技术产业发展的上述要求的，尤其是在风险资本方面。建立风险资本市场主要有美国的"自发形成"方式，也有韩国的"政府推动"方式。从赶超的角度来讲，在经济落后的国家中，资本市场往往效率比较低下，成为其经济发展的障碍，以"自发形成"方式显然无法满足经济赶超的需要。另外，风险资本市场的形成和完善需要相关法律环境的支持，需要其他相关市场的配合。因此，高技术产业的发展，需要政府发挥经济职能，调节风险资本供给并促进风险资本市场的建立。

3.1.1.3　技术要素

技术是高技术产业发展的一个特殊的投入要素，研究高技术产业发展的技术要素主要应从以下两个方面考虑。

一是技术转让。高技术被开发出来以后，如果不能实现商品化，也就不能形成高技术产业。高技术商品化这一过程是通过技术市场实现的，即通过完成高技术成果的交易而实现的。在技术市场上，高技术成果是独立存在的知识形态商品。完善的专利制度，可以使高技术成果像普通商品一样在技术市场上完成交换和转让。但技术成果本身所具有的难以定价、商品化前景不确定等特点，以及专利制度的不完善都会造成技术市场中高技术成果转让效率低下。科斯认为："有时过度的交易费用会妨碍市场交易达到资源的最佳配置，政府管制是这时不得已的次优选择[77]。"低效率的技术转让将阻碍高技术产业的快速发展。因而，要实现高技术产业的快速发展，需要政府发挥促进技术转让和应用的经济职能。

二是基础研究。科学研究可以分为基础研究和应用研究。基础研究是应用研究的基础，对于技术的发展具有关键作用。但是，基础研究却不能够直接转化为企业的利润来源，也就是说不能直接为企业带来实实在在的经济收益。因而，单纯依靠市场进行资源配置，会造成基础研究的无人问津，从而导致基础研究相对落后，并最终影响到应用技术研究和高技术产业的发展。根据约瑟夫·斯蒂格利茨的观点，市场需要政府介入并推动技术研究，特别是基础研究。从这一个角度来讲，要实现高技术产业的快速发展，需要政府发挥推动基础科学研究的职能。

3.1.2 需求调节和政策优惠职能

需求调节和政策优惠，是高技术产业在需求和供给两个方面对政府经济职能的需求。高技术在其产业化的过程中，面临着极大的市场不确定性和风险。对于那些具有较高远期价值的技术，可能由于市场对其初级产品的需求太少而失去进一步研究与开发并获得最后成功的机会。高技术产业的发展，需要需求方面的拉动和扶持。政府作为社会经济的宏观调控者，可以从国内和国际两个方面进行需求调节。在国内，政府可以有计划地对高技术产品，特别是对那些具有良好发展远景但近期收益不明显的高技术产品进行定购，以减少其市场风险；在国际方面，政府可以利用政治外交和WTO等国际组织消除其他国家对本国高技术产品的贸易壁垒，增加高技术产品的国际需求。对于那些高技术产业刚刚起步的国家来说，国内需求的拉动显得更为重要。

同时，高技术创新具有很强的溢出效应，这种溢出效应将会造成个人收益的不足，企业创新积极性的降低，从而影响到高技术产业的发展。解决这一问题的有效作法是进一步明晰产权界定和减少交易成本。但是在一些经济尚未取得充分发展、高技术产业发展滞后的国家中（如多数的发展中国家），往往存在着产权界定不明晰和交易成本较高的问题。很显然，在这些国家中，很难通过进一步明晰产权界定和减少交易成本途径来解决高技术创新的溢出效应问题。依据"庇古税[①]"方案由政府进行调节是一种短期内较为可行的方法。政府可以通过减免税收、增加补贴等方式，以补偿因高技术创新的溢出效应而造成的个人收益不足，从而激励高技术企业将人、财、物资源运用于高技术的创新研究，增加高技术产业的规模效应和积聚效应，满足高技术产业发展的需要。

---

① 指通过政府征税或补贴来矫正经济当事人的私人成本。

3.1.3 战略规划和组织协调职能

高技术产业不仅具有极高的成长性和效益性，而且对国民经济具有极强的带动性和渗透性，是国民经济的先导产业，关系到一个国家的综合竞争力和经济安全。因而，发展高技术产业具有极其重要的战略意义。然而，这种极其重要的战略意义是无法在纯粹竞争市场上反映出来的。通常情况下，市场反映出来的只是当时的信息，而不能反映出较长时期以后的信息，每个投资者获得的也只是局部的信息，而不是整体经济信息。所以，在纯粹竞争市场条件下，高技术产业的发展往往达不到与其战略性相符的水平，它需要一个宏观的战略规划者来确定其发展方向和发展战略。

高技术产业的发展涉及科技界、金融界、教育界、实业界等社会各个方面，需要经济与科技的互动、产学研的有机结合和各部门的紧密配合。然而，在这方面单靠市场是难以奏效的。尤其对于发展中国家而言，市场制度仍然不太完善，可能会出现一方面经济界无法借助于高技术产业获取高额利润，另一方面科技界也无法将科技成果转化成产品和利润的困难局面。发展高技术产业迫切需要一个有力的宏观协调者，来打通关节和屏障，促使各个领域的协调与合作。另外，高技术产业具有相互带动发展的特点，具有集聚经济效应。高技术产业群的集聚经济效应主要是通过基础设施共享、组织协同效应、创新效应、学习效应和产业内部互相带动发展等实现的，因而高技术产业发展的先机非常关键。如何在这一点上缩小与发达国家之间的差距，关系到我国在未来的发展中能否追赶并实现超越的问题。我们必须集中已经发展的高技术产业，形成良好的高技术产业环境，利用高技术产业的集聚经济效应，促进高技术产业的快速健康发展。因而，从产业集聚经济效应方面来看，高技术产业的发展和赶超同样需要政府发挥组织协调的经济职能。

3.1.4 对高技术企业的孵化职能

在高技术产业的某些领域中，特别是在生物技术和计算机软件技术领域，中小企业具有独特的优势并发挥着重要的作用。

这些企业一般基于技术而成立，规模较小并且缺乏资金筹集、生产和企业管理以及市场营销等方面的经验和能力，这些非技术的原因成为中小高技术企业发展的主要障碍之一。因此，需要企业孵化器为高技术企业的诞生与成长提供服务与帮助（融资便利、后勤、管理咨询等）。企业孵化器的服务对象是具有商业化前景的科技新成果，孵化出的成果是高技术产品和高技术企业。目前我国企业孵化器还处于起步发展阶段，75%以上的企业孵化器是非盈利性的[78]，这使得企业孵化器具有公共产品的特征。鉴于企业孵化器对于高技术企业成长和发展的重要性，从短期来看，高技术产业发展需要政府提供高技术企业孵化器；从长期来看，高技术产业的发展需要政府积极发展和健全企业孵化机制。

3.1.5 法律制度的供给职能

经济学家刘易斯指出："尚未出现经济增长的国家的法律和惯例往往不适合经济增长。因而在经济发展的初期，花许多时间来为经济增长创造比较合适的新的法律和行政机构是大有裨益的[79]。"这就是说，要促进经济的发展，首先要为其提供一个合适的法律制度环境。高技术产业是一个新兴的知识密集型产业，它因其高风险、高技术等特点而区别于其他传统产业，因而原有的法律环境在很多方面难以满足高技术产业的需求。高技术产业的发展，在多个方面需要新的法律制度供给。在教育和人才培养方面，需要新的法律制度以保证高技术人才的供给；在风险投资方面，传统的法律体系缺乏关于风险投资的条款和专门的风险投资法律，会阻碍风险资本市场的发展或造成其畸形发育；在技术转让和高技术商品化方面，产权法律体系，尤其是知识产权的法律保障体系缺位，会造成技术难以转让、高技术收益被侵犯等现象，从而阻碍高技术产业的进一步发展。因此，高技术产业的发展需要政府发挥一个外在制度供给者的作用。

除法律法规这些外在制度（external institutions）之外，作为一个新的产业，高技术产业对制度的特殊要求也必然会体现在内在制度（internal institutions）方面。例如富有冒险精神和创新意识的文化环境，就符合高技术产业标新立异、开拓性强、风险性高等特点；而"中庸之道"的文化氛围则会强化人们不冒险、不开拓、不领先的价值观念和行为习惯，显然不利于高技术产业的发展。美国的硅谷没有错综复杂的宗教关系，没有森严的等级制度，冒险和创新受到鼓励，失败受到宽容，这样的内在制度环境也是促使其高技术产业蓬勃发展的因素之一[80]。因而，高技术产业的快速发展，需要适宜的内在制度环境，需要倡导"标新立异""诚信"等符合发展要求的内在制度的积极倡导者，而政府无疑是这一倡导者的最佳人选。

3.1.6　政府高技术产业管理的"经济、科技、教育一体化"职能

政府高技术产业管理职能是一种新型的管理职能，其重要特点之一是综合性。即政府高技术产业管理职能不仅包括经济管理职能，而且包括科技管理和教育管理等职能，是集"经济、科技、教育"为一体的新型管理职能形式。

高技术产业作为最能代表一国生产力发展水平的支柱产业之一，对科技资源与教育资源的配置机制、利用机制和管理体制等方面提出了新的、更为迫切的要求。一方面，高技术产业的持续发展必须以一国科学技术创新体系建设为前提；另一方面，高技术产业发展对人力资源的配置和利用、对人力资本投资和培训模式等都提出了新的要求与挑战。因此，政府高技术产业管理职能必须包括政府对科技与教育的管理职能。世界范围内高技术产业竞争态势日益清楚地表明，科技资源开发与利用的规模和能力是决定一国国际竞争力的关键性因素。因此，从发展趋势看，提高一国的科技资源开发与利用规模，强化国家科技创新体系建设，是强化一国综合国力的根本之所在。同时，由于高技术创新的投资巨额化、收益超额化、风险复杂化和学科发展综合化等特点，对政府科学技术资源的组织、开发与管理职能的转换和创新的要求也在迅速提高。因此，发达国家通常是在科技资源的组织、开发、利用等方面形成比较竞争优势，进而构建其在世界经济竞争中的综合竞争优势。

提高政府高技术产业管理的竞争力，必须把刺激和放大社会对科技发展与教育发展投资需求作为关键。这既有助于政府

在高技术产业管理职能建设中逐步强化对高技术创新需求结构的引导和改善，也能促进政府对高技术产业管理职能的优化。这是在知识经济时代促进生产要素重组，实现有限资源优化配置的客观要求。

当今社会，随着各国对高技术产业的重视程度与日俱增，政府的管理职能也日益呈现出综合化、复杂化的发展趋势。政府职能日益增多地被运用到解决科学技术资源和教育资源配置与利用中的"市场失灵"问题方面。各国政府也在不断地强化高技术管理创新能力，使科技资源与教育资源的开发、配置与利用内化成为各国政府高技术产业管理职能的重要组成部分，并积极探索，建立和健全国家级"经济、科技与教育"一体化的政策体系，促进政府高技术产业政策的完善，强化其对高技术产业发展的宏观调控。对于发展中国家而言，通过制定以扶持高技术创新为重点的产业政策，实现对科技资源、教育资源的国家全局性配置与组织，进而提高政府高技术产业管理的政策操作水平，为构建某一高技术产业或某些高技术产业方面的国际竞争优势创造有利条件，是发展中国家构造国际竞争后发优势的关键，也是发展中国家政府职能转换和创新的关键。

3.1.7 政府高技术产业管理的国家经济安全保障职能

3.1.7.1 高技术产业发展对国家经济安全的积极影响

国家经济安全保障，是当今世界各国共同面临的重要课题。具体而言，一国国家经济不安全的主要因素有以下几方面：一是占有性因素，即本国经济增长阶段和增长方式的"缺陷"或"失灵"等所导致的国家经济不安全状态和趋势。二是制度型因素，即本国经济增长过程所形成和采用的经济制度、产业结构、市场结构和管理体制等条件所存在的"缺陷"和"失灵"等所导致的国家经济的不安全状态和趋势。三是金融型因素，即来自国际金融危机所导致的国家经济不安全状态和趋势。四是经济型因素，即在国际竞争环境复杂化和竞争手段多样化的背景下，他国对一国在市场占领、战略产业控制和支柱产业扩张等方面所造成的国家经济不安全状态和趋势。五是非经济型因素，即由国内外政治、自然等因素的不可预测性原因所导致的国家经济不安全状态和趋势。

首先，对于占有性因素而言，促进高技术发展是消除和改变一国经济增长阶段和经济增长方式"缺陷"的重要力量。通过高技术创新活动的持续开展，既能加快一国工业化水平和速度，又能提高工业化效果；通过高技术产业的国民经济战略产业和支柱产业，能提高一国国民经济整体运行质量。

其次，对于制度性因素而言，在高技术创新体系下，高技术产业的扩张不仅是经济总量的惯性扩张，更是经济制度、产业结构、市场结构和管理体制的全面转换和创新过程，是一个集制度创新、观念创新、意识形态创新、文化创新等为一体的系统创新行为。这会从根本上提高一国国家经济安全的保障能力。

再次，对于金融性因素而言，高技术产业的充分发展能在很大程度上减轻国际金融危机因素对国家经济不安全状态和趋势的影响程度。东南亚金融危机的应对，从表面上看是如何强化对国家金融风险的防范，或如何提高国家金融安全保障能力。但实质上，这是处于工业化特殊阶段的东南亚国家经济结构缺陷的重要表现，经济结构、产业结构的不合理和升级缓慢是这次危机产生的本质原因。这从多方面对高技术创新、高技术产业增长都提出了巨大的需求，迫切要求高技术产业结构与国家经济结构、市场结构进行全方位的对接和功能匹配。

第四，对于经济型因素而言，高技术产业创新在适应国际竞争环境复杂化和竞争手段多样化的环境，在形成开放型市场结构、产业市场占有结构和国际高技术产业与国内民族高技术产业竞争机制等方面具有不可低估的作用。形成有利于企业行为主体研究与开发投入的政策环境和竞争环境，增强政府对高技术产业干预力度，强化政府高技术产业管理能力，是从根本上提高国家经济安全保障能力的必由之路。即高技术产业增长优先原则和高技术创新优先原则，应成为国家经济安全保障强化的基本准则。

最后，对于非经济型因素而言，在高技术产业得以持续增长的前提下，高技术产业会成为一国国民经济的支柱产业，成为一国经济增长、充分就业、稳定物价和保持国际收支平衡的决定性力量。因此，高技术产业增长能在一定程度上影响或改变国内外政治斗争局势和格局，或者使一些本来可能要暴露的矛盾隐现化。从而使国内外政治波动对国家经济安全保障的负面作用下降到较低的程度。同时，通过高技术产业，也能在很大程度上缓解自然破坏因素对国家经济安全保障的影响。这也是高技术产业成为推动当今人类生产方式和生活方式巨大变革主要力量的重要基础。

3.1.7.2 政府高技术产业管理对国家经济安全的保障

首先，政府通过建立和健全高技术产业发展政策与计划体系，可以较好地协调高技术发展过程中经济利益、科技投入与教育发展三者之间的关系。如制定国家级高技术产业发展战略和政策、制定和实施国家高技术产业的纲领性计划和总体规划、建立和完善与高技术产业相配套的工业化基础条件和环境等。其次，政府对高技术产业发展实施主动干预，能够推动国民经济产业结构升级，调整中长期规划和计划的有效实施。从发达国家的成功做法中可以发现，政府主动干预高技术产业发展，既是当代高技术产业国际化竞争日趋激烈的重要原因，也是高技术产业与传统产业经济增长模式的巨大区别所在。目前许多发达国家通过提高科技预算的规模和比重，强化高技术产业发展的政府投资引导功能。发达国家对高技术产业特别是对高技术创新投入规模巨大，已成为国家或地区国民经济投入增长最快的部门和行业。

其次，强化和完善行政管理方式，利用必要的行政手段，成立有国别特色的高技术产业行政管理与协调机构，是各国政府强化高技术产业管理职能的重要手段，这在不同经济制度的国家中都不乏成功的实践。国家首脑亲自抓高技术产业管理，已成为当今世界各国政府职能发展的新趋势。这表明，高技术产业巨大的生产力功能已被各国政府所普遍认识并在实际政策作用中有所体现，这也是适应经济竞争、国际市场竞争和高技术产业创新活动竞争日趋激烈的现状的重要手段。如美国成立了国家科学技术委员会和总统科技顾问委员会，由总统和副总统分别担任主任和副主任。日本设立了首相任主席的科技决策机构——科技会议。英国结束了自 1964 年以来不设科技大臣的做法，在 1992 年重建科技部。

再次，政府介入高技术产业管理，通过实施适度保护，有助于提高国民经济支柱产业增长的安全度，提高民族高技术产业在国家高技术产业增长中的份额和地位。如适度保护新兴和幼稚产业、适度保护新兴技术等，保障国家经济安全。这其中尤以通过立法管理方式对新兴高技术产业进行适度保护最为典型和有效。主要手段有：适度保护国内高技术创新行为主体利益、利用关税、技术壁垒等适度保护国内新兴高技术产业、对国家间高技术创新活动国际化合作方式及关系的规范与协调、对本国跨国公司高技术输出、人才转移、高技术产品市场占有等实施有效的规范和限制等[81]。

3.2　政府高技术产业管理职能的动态分析

高技术产业的发展同其他产业一样，需要遵循一定的产业生命周期规律，依次经历形成期、成长期、成熟期和衰退期。在高技术产业发展的不同阶段，市场和政府两种手段的作用强度会发生相对变化，政府职能定位和作用侧重点也应发生相应的动态性变化。因此，从产业生命周期视角，动态地分析政府高技术产业管理职能，对于推动政府高技术产业管理创新，促进高技术产业的发展无疑具有极其重要的理论和现实意义。

3.2.1　高技术产业形成期的特点及政府职能

一种产业是否萌芽的标志主要有两个：一是有无一种全新产品的出现，而这种产品又具有广阔的发展前景和庞大的市场发展潜力；二是有无独立生产此种产品的厂家出现。而只有当两个条件同时具备时，才意味着一种新兴产业正在萌芽和初步形成。一般来说，每一个产业都有一个萌生的过程，新兴产业最初总是寄生于相关的旧产业的"母体"之中。例如，电子计算机产业最初生存于机械制造业中，软件业最初生存于计算机制造业中。在寄生的岁月中，新产业从旧产业中汲取技术、劳动力、资金、原料、固定资产等"养分"，进而逐渐使自己发育成长。正是因为新兴产业具有隐藏性，寄生在传统产业之中，所以也经常会使人们误以为这只是一些局部的产品改进，而没有看到其即将进入高速成长的产业前景，失去了与产业同步发展的机会。在产业进入成长期时，这些产业活动将独立出来，并且实现了商业化，而后与母体分离，成为一个独立的个体。一般来讲，由于高技术产业属于高技术创新型产业，其在技术、人才、资金等方面有一个积累的过程，所以在高技术产业的形成期持续时间较长。但后起国家则可以利用后发优势，如引进、学习即有技术，减少研究开发的时间和费用，并借鉴学习发达国家在制度环境建设方面的成功经验，缩短这一阶段所需要的时间。高技术产业在这一阶段的特点是产业的规模普遍较小、利润较低、增加值的相对增长率较大，高技术产品的国际竞争力不强，整个高技术产业的产值占 GDP 的比重较低，市场显性需求不足，投资者还处于观望态度，市场不确定性较大。在高技术产业的形成期，政府主要发挥培育和扶持的作用，这时财政手段是十分重要有时甚至是决定性的，公共财政对于高技术产业形成期的扶持力度和方式在很大程度上决定着高技术产业的走势和发展空间。政府应当通过提供资金、税收、价格、金融等方面的特殊政策，为高技术产业提供优于其他产业的市场环境，促进新兴高技术产业的发展。此时，由于企业创新的动力和能力都比较弱，而且市场需求规模较小，必然要求这一阶段研发投入的主体是政府。任何国家都要经过这一时期，包括美国在内。据《美国新经济研究》资料表明，直到 1979 年，联邦政府的 R&D 投入的比例才下降到 50% 以下[82]。在这个阶段，为了推动高技术产业有序化发展，政府应制定本国的高技术产业发展规划，进行重点扶持，并制定各项优惠政策以引导企业进行高技术创新活动，促进高技术产业的发展。同时，政府应当逐步建立促进高技术产业发展的政策法规环境。

3.2.2　高技术产业成长期的特点及政府职能

一个产业进入成长期的主要标志是出现能够相互协作、相互补充、配套生产的厂家群体；而成长期结束的主要标志则是该产业的骨干企业建成，即全部主要产品的主要零部件和产品的主要附件能够独立生产，主机组装能力和配套生产能力基本一致。在成长期，高技术产业从不完善、不成熟逐渐走向成熟，高技术产业增加值占 GDP 的份额上升，产业界成为 R&D 投入的主体，产业增加值的增长速度大幅度上升；高技术产品品种逐渐齐全，技术不断完善，产品标准逐渐形成，供货渠道日趋稳定。在这一过程中，不断改进的产品在市场上被保留了下来，而那些传统的产品逐渐被淘汰出局，虽然竞争还没有达到白热化的程度，但竞争的强度已在日益加大。市场规模的扩张，对传统产业的投资者产生了强大的吸引力，大批投资者涌入该产业，从而使该产业的规模迅速膨胀，在量上呈现加速增长的趋势。大批企业转产加入该行业，聚集效应的显现产生对外部协作产业的需求，使这些企业能够与本产业形成明显的配套生产体系，对本产业产生巨大的支持作用。这一时期的产业聚集能力最强，产业扩张速度最快，也就是人们通常所说的朝阳产业。对于处于这一阶段的高技术产业，政府职能以鼓励为主，协调为辅；政府的主要作用是为高技术创新及高技术产业的进步提供信息及稳定的法律和政策框架，支持支柱产业和战略竞争性产业的快速成长，鼓励中小企业技术创新。这一时期，政府的产业政策以补充市场机制的功能性产业政策为主，辅以适当的差别化产业政策。研究投入以民间为主，政府投入低于 50%。这时作为微观经济主体的企业已经成为高技术创新的主体，进入了有序发展的阶段，市场机制会更加有效地影响和激励企业的行为，因此应发挥市场的基础性作用。主要表现为政府通过各种政策手段，增进民间部门的创新能力，并参与组织重大项目，逐渐完善高技术产业发展的市场环境，健全高技术产业发展的政策法规体系。

3.2.3　高技术产业成熟期的特点及政府职能

在高技术产业成熟期，产业快速发展，产业规模达到或接近最高峰，其产量、销售量、就业、对国民经济的贡献达到最大，相对增长率开始逐渐下降并接近于1，产业体系形成，产业内部竞争日趋激烈。这时产业核心技术的潜力已基本挖掘完毕，同步创新趋于停止，产业利润从成长期的垄断利润转变为完全竞争下的正常利润，从事产业活动的企业是否生存下来，主要取决于管理水平的高低。在成熟期，高技术产业自身的发展规模已经相当庞大，在国民经济中所占的比重和所起的作用都较大，因而呈现出一片兴旺的景象。在这一阶段，高技术产业扩张的规模渐渐稳定下来，厂家数目基本固定。投资者涌入这一产业的步伐慢慢趋于停止，整个产业的再生产开始基本上在重复的规模上进行；同时，单个企业的生产已开始从外延的再生产转向内涵的再生产，主要产品的产量的增长幅度变得平缓稳定，产量增长率急剧上升的趋势基本停止，主要产品在市场上已普及，部分开始更新换代。旧产品的淘汰过程已经开始。与成长期相比，市场需求量尽管在总量上仍然很大，但从趋势上已接近饱和，产品销售开始出现困难。同时，由于产业内部分工更加细化，并由此孕育着新的产业基因，一种情况是配套产业得到独立，如软件产业从计算机硬件产业中独立出来，它不仅使软件产业得到了发展，也支持了计算机硬件产业的发展，另一种情况是核心技术下的产业活动，由于核心技术不能再对资源产生优化配置贡献，而使人们舍弃核心技术，从内部替代，如铁路运输中的蒸汽机被内燃机取代，航空运输中的螺旋桨飞机被喷气式飞机所取代，相当于原来的产业消失了，从内部又产生出来一个全新的产业，使产业生命再次得以延长。当然，产业替代因素并不是完全产生于产业内部，有时也会产生在产业的外部，这时外部出现了完全的替代技术，使原来的产业无法存在下去。最典型的事例是计算机产业对打字机产业的代替。在这种情况下，打字机产业的市场份额迅速下降，产业急速衰退。在这一时期，政府职能以引导、服务、监督为主，主要是维护市场秩序，提供各种服务，如为成熟技术的广泛应用和推广创造条件，促进企业技术改造，支持企业从事新产品的开发，进一步完善高技术产业的政策法规体系，保护成熟技术的知识产权。政府的高技术产业政策主要是以功能性政策为主。

3.2.4　高技术产业衰退期的特点及政府职能

　　产业的发展一旦充分成熟以后，就步入其衰退期。"夕阳产业"就是对处于这一阶段的产业的极其形象的写照。一种产业何时消亡，是很难预见的事，经济中很少存在对某一种产业完全不需要的情形，所以，尽管处于衰退期的产业的市场需求越来越小，但仍能"苟延残喘"一段时间。不过，无论怎样，它迟早是会消亡的，只是消亡的形式不一定就是绝迹，它可能并入其他产业中，不再具有作为产业的独立性。由于高技术是一个相对的概念，所以衰退期的提法有些牵强。但仅就现在我国定义的高技术产业领域而言，衰退期是存在的。高技术产业进入衰退期的主要标志有：产业综合生产能力出现非周期性过剩，开工率普遍不足；主要产品开始滞销和长期积压，产品产量出现负增长，并呈逐年下降趋势；众多的厂家由于利润率下降、成本高、产品缺少销路或者有更具吸引力的产业出现，产品老化以及原有设备的陈旧过时等原因开始逐渐退出这一产业而转向其他领域，创新资源开始慢慢从高技术产业中转向新的领域，表现为"新技术"对"旧技术"的取代。这时的高技术产业的性质也发生了变化，而成为一般产业了。所以也可以认为高技术产业中没有衰退期，这也是高技术产业区别于其他产业生命周期的重要特征。这一时期政府高技术产业管理职能以引导、服务为主，政府的作用主要体现在：重新界定高技术产业，实施产业的调整援助政策，完善退出机制，帮助衰退产业中的企业顺利退出，帮助企业淘汰落后技术。创造有利于创新资源自由流动的良好机制和环境，扶持企业从事新一代的替代性技术的研发，实现产业核心技术的更替与升级（见表 3.1）。

高技术产业是建立在知识和高技术创新的基础之上的，考虑到技术总是处于持续的发展变化之中，新的、更先进的技术将随着人类知识的积累而不断产生，高技术所涵盖的范畴也将因此而不断发生变化，原来某一时期的高技术将由于逐步扩散而在经济中得以广泛的传播和应用，当其被大多数企业所掌握后就不能再被称为高技术，相应地，建立在这类技术基础之上的产业也不能再被称为高技术产业，而应视之为常规技术产业或一般的传统产业。因此，在这一意义上，我们可以认为高技术产业通常都是处在产业发展的孕育阶段和成长阶段，其发展过程是一个不断创新和不断扩散的过程。只有那些处于孕育阶

表 3.1　　　高技术产业发展各阶段政府职能的动态定位

	高技术产业 形成期	高技术产业 成长期	高技术产业 成熟期	高技术产业 衰退期
产业特点	大量的研究投入需求，产业规模较小、利润较低，产值占GDP的比重较低，市场显性需求不足，市场不确定性较大	大量知识型企业群产生，品种逐渐齐全，技术不断完善，产品标准逐渐形成，供货渠道稳定。产业聚集能力最强，产业扩张速度最快	产业体系形成，产业规模达到或接近最高峰，其产量、销售量、就业、对国民经济的贡献达到最大	产业综合生产能力过剩，主要产品滞销和长期积压，产品产量出现负增长，厂家开始逐渐退出
创新类型	重大的突破型技术创新出现	突破型技术创新成果商业化和急剧扩散	创新成果大量产业化	孕育下一代突破型创新
政府职能定位	计划、投资、组织协调职能为主，研究投入以政府为主，占50%以上	扶植、鼓励为主，协调为辅；研究投入以民间为主，政府投入低于50%	引导、服务、监督为主	引导、服务为主
政府作用体现	制定产业发展规划，大力投资基础设施等硬件环境建设，通过优惠政策进行重点扶持	为高技术创新及高技术产业的进步提供信息及稳定的法律和政策框架	维护市场秩序，提供各种服务，为成熟技术的广泛应用和推广创造条件，促进企业技术改造，支持企业从事新产品的开发，进一步完善高技术产业的政策法规体系，保护成熟技术的知识产权	重新界定高技术产业，实施产业的调整援助政策，完善退出机制，创造有利于创新资源自由流动的良好机制和环境，扶持企业开发新技术，实现产业核心技术的更替与升级
政府产业政策	差别化产业政策	功能性产业政策为主，辅以适当的差别化产业政策	功能性产业政策	差别化产业政策为主，辅以功能性产业政策
政府管理手段	以直接财政手段为主	直接财政手段和间接经济手段结合	间接法律手段为主	直接行政手段为主，间接经济手段为辅
政府和市场的辩证关系	市场为基础，政府为主导	市场和政府并重	市场为主导，政府为辅助	政府为主导，市场为辅助

段和成长阶段，具有十分强大的高技术创新能力的先导产业才能称为高技术产业。相反，那些原属于高技术领域的产业，在经过一段时期的发展后，产业规模不断壮大，已经进入了成熟阶段或饱和阶段的产业就不再属于高技术产业的范畴，而转化为在产业结构中占很大比重的中坚常规产业。因此，政府在发展高技术产业的过程中，若要使高技术产业成为增长极，必须充分地把握其处于产业生命周期中的成长期或成熟期的机会，采取有效的措施充分发展，只有这样才能最大程度地发挥其极化和扩散作用，带动经济的增长。

综上所述，无论是政府高技术产业管理的静态职能还是其动态职能，都具有如下几点共同特性。一是前瞻性。选准本地区相对优势的未来战略产业作为主攻方向，比如杭州市政府适时选择具有优势软件产业和现代中药产业作为战略产业加以引导，规划较早，利用较低的成本，取得了较高的成效[30]。二是扶持性。政府对高技术产业的管理职能必须以扶持高技术产业发展为主要前提。这也是世界各国都先后出台促进高技术创新的优惠政策的重要原因。三是引导性。政府高技术产业管理的各项职能及其发挥作用必须具有较强的引导性。四是服务性。政府及其职能部门对高技术产业的研发等活动提供各种服务与政策指导。如加强决策咨询服务、信息服务、技术服务和人才培训服务等。五是过渡性。政府及其职能部门随着高技术产业的性质、发展实力、条件和环境的变化，而对政府高技术产业管理的模式、职能、内容、方式与目标等方面进行适当的调整，体现出较显著的过渡性。六是综合性。政府高技术产业管理不仅是对市场行为主体的管理与协调，而且也是政府有关部门相关活动的管理与协调活动，不仅是对通常意义的产业经济管理职能的自然延伸和扩展，而且是一种全新的管理职能，是一种集产业、技术开发、人力资源开发与教育等为一体的新职能形式，是包括产业政策管理、技术政策管理、政策制定和操作管理、法律和法规的制定操作管理等管理内容在内的综合管理，体现出综合性的特征[81]。七是系统协调性。政府的管理对策应当有不同的层次和不同的着力点，并且各个对策有一定的内在联系，能够相互配合、相互支持，从而有机组合起来，形成一个完整体系；政府应运用各种方法手段促进高技术产业和经济的平衡发展，从全局出发进行高技术产业战略指导和组织，注意产业平衡、高技术和传统技术平衡、政策平衡等。八是动态性。注重对策的时效性，所制定的对策经过一段时间的实施后，应该对实施效果进行检查评价，不断改进。另外，动态性原则也要体现在高技术产业发展的不同阶段，其所需的政策是不同的，制定政策理应随着环境的变化而相应变化，注重政策的动态适应性。九是创新性。由于高技术创新活动已对当代人类生产方式和生活方式产生了变革性作用，因此政府对高技术产业的管理也必须适应这个条件，不断地对原有政府产业经济管理职能的系统进行创新，以适应高技术创新的环境和条件，并从根本上使之成为高技术产业发展的有利条件和重要保障。

3.3 发挥政府高技术产业管理职能的原则

发展高技术产业离不开政府的管理与支持。但是，在管理过程中，如何处理好政府与市场的关系，提高政府管理的效果，是政府在进行具体管理工作之前首先要弄清楚的基本问题，也是政府在高技术产业发展中如何有效管理的原则问题。

正如市场有失灵现象一样，政府也有失灵的表现。发展高技术产业，应依据市场手段与政府手段各自的优势及局限性，依据高技术产业的特点及其发展目标，科学合理地界定政府管理的范围、管理的重点与管理的时机。在处理高技术产业发展中政府与市场的关系时，应遵循以下基本原则。

第一，政府管理的范围应当是弥补市场的缺陷与不足，在市场机制能够优化资源配置的领域，政府不要插手介入，只有在市场机制不能有效配置资源的领域才需要政府介入。政府应在多大的范围内直接介入高技术产业，这取决于市场机制能在多大的程度上解决高技术产业的发展问题。即政府直接介入的范围，原则上应以市场失灵为标准。凡是市场机制能够有效解决的问题，政府都不宜插手，政府应按照"有所为，有所不为"的原则，善于运用市场机制作为资源配置基础手段所具有的优势。但必须注意的是市场失灵并不是一个绝对的概念，现实中大量存在所谓部分失灵的状况，对此，则应当以实现资源配置的最佳效率为出发点，权衡市场手段与政府手段的利弊，决定政府是否应当介入，以及应当在何种程度上介入。一般来讲，在微观经济领域，政府主要应当履行消极规制的职能；在宏观经济领域，政府应当积极地进行调控。

第二，政府管理的目的是促使市场机制更好地发挥功能，而不是去替代市场。按照这一原则，政府作用的方式和力度就不应该是固定不变的，而应当是随着经济形势的变化而变化。在市场经济还不够发达，市场调节力量还不够强大，或者市场发生失衡时，应当适度地加大政府管理的力度；而在市场体系比较完善，市场调节力量较强，或者市场处于均衡状态时，就应当缓和政府管理的力度。

第三，政府在实施管理职能时，要防止资源力量的分散化。要正确地确定政府管理的重点，其基本原则是"有限目标，重点突破"。要按照争夺国际竞争制高点的要求，规划和选择高技术产业发展的重点和优先目标，并运用政府的特殊力量集成其所需的资源，重点攻关，保证其突破，对于综合国力尚不强大的我国更应当如此。

第四，政府管理功能的发挥，还要正确地把握政府介入高技术产业的时机。高技术产业不是完全依靠市场就能够得以发展起来的，但也不是要政府一经介入就一管到底。高技术发展的阶段不同，政府的有效作用也不同。一般来讲，在高技术的前沿探索及产业化的初期，政府的角色是重要的。有些重大的项目往往是直接由政府发起和组织的。如美国的星球大战计划、日本的第五代计算机研究项目等，都是由政府提出并组织的。但政府的介入必须适时，需要介入时要果断参与，不需要介入时则要迅速撤出。如美国的计算机及通信卫星等，最早都是由军方投资搞起来的，但随后就交给商业部门去经营，其依据仍然是市场失灵。在高技术产业发展的初期，之所以要求有政府介入，是由于其商业前景的遥远与不确定性，使得企业不愿意承担，但当市场的开发达到足以吸引企业时，市场机制就可以发挥作用了，这时政府就应该迅速退出。

第五，政府管理的结果必须要比不管理前的情况有所改善，否则，就不要管理。

最后，政府的管理作用必须以承认市场经济的价值规律、供求规律、竞争规律等基本规律为前提，而不能仅凭主观意愿去干预经济活动[83]。

中国政府高技术产业管理创新

第 4 章　政府高技术产业管理创新的必要性分析

当今世界，高技术发展日新月异，并已对当代人类生产方式和生活方式产生了巨大的变革性作用。作为人类社会管理与服务机构的各国政府及其职能部门也早已认清高技术产业对于维持、推动本国、本地区发展所起的至关重要的作用，并下大气力研究如何发展符合本国国情的高技术产业。高技术产业的许多特点决定了对其进行管理必须不断创新，也就是说，要求政府及其相关管理职能部门必须不断变革并创新，以适应高技术及其产业发展的要求。这是因为，一方面，高技术产业政府管理功能的形成机制、作用体制、管理目标和调控手段等与传统产业具有重大区别，这客观上要求对高技术产业的政府管理必须对原有政府产业经济管理系统进行创新；另一方面，高技术产业的发展速度越来越快，高技术产品的更新周期进一步缩短，高技术产业的增长和竞争环境会越来越复杂。同时，在高技术产业增长的过程中，高技术产业与传统产业始终存在着资源配置、人才集聚、政府投入和利益分配等方面的巨大矛盾，这要求政府必须创新高技术产业的管理模式，为高技术产业发展创造有利条件和重要保障。随着高技术产业的迅速发展，发达国家自 20 世纪 80 年代下半期以来加快了政府管理创新的步伐，以适应高技术产业的发展需要。1997 年世界经济合作与发展组织提出政府管理改革的报告，得到其成员国的普遍赞同。该报告提出：各成员国要重视并加强政府管理的改革与创新，通过引入一定的竞争机制来降低政府管理的成本，也能激励创新。这表明政府管理的改革与创新已成为经济社会发展的必然要求。

4.1 高技术产业的不确定性要求政府管理创新

高技术产业的不确定性是指由外部环境的不确定性、技术创新的难度与复杂性、高技术企业能力与实力的有限性，而导致高技术产业发展达不到预期目标的可能性。在高技术开发过程中，高技术企业不能确定在其所进行的诸多研究开发领域中，将在哪一方面以何种速度开始新的技术突破，不能确定这种技术突破将对现有的技术结构产生何种影响及其结果。高技术产业的不确定性主要体现在技术创新的不确定性、收益的不确定性和制度环境方面的不确定性等方面。

4.1.1 技术创新的不确定性

技术创新的不确定性是由于技术开发失败的可能性、生产工艺开发失败的可能性以及技术效果的不确定性而带来的技术创新结果的不可预知性。技术创新过程是一个曲折复杂的过程，在这个过程中，存在许多不同的环节和惊险的飞跃，它是一个不断地在多种可能性中进行筛选和淘汰的过程。同时，技术创新过程的多角色参与的特点，决定了技术创新的发展道路和方向的选择具有不同的价值选择和利益偏好。这种筛选、淘汰的过程和利益整合的过程，导致了技术创新过程的不确定性。纳尔逊也曾明确地指出："什么使得技术进步实行有效的中央计划如此困难，或许行不通？我认为基本的因素是不确定性，这种不确定性几乎总是围绕着一个问题：在一个技术不固定的领域，研究与发展的资源应该投在哪里？一般而言，改进现有技术有多种选择，每种选择又有多种实现方法，不仅在往何处下注上不确定，而且专家们之间也众说不一。在这种情况下，要想预先得到一致的意见，可能是枉费心机或徒劳的。"[84]一项对技术创新风险的统计数据表明，技术创新的三个阶段有不同的风险概率：一是实验室样品阶段，成功率一般低于25%；二是中试阶段，成功率为25%～50%；三是商品化或产业阶段，成功率为50%～70%。技术创新特别是自主性技术创新和核心技术创新，技术开发难度大，关键技术预期不足，企业获取技术的手段（如组织学习、攻关）或研究手段缺乏，思维定式影响等原因，导致技术创新的失败不可避免。技术创新中高技术即使开发成功，其稳定性也难以保证，或其本身不确定性很大，也会导致技术创新达不到预期的效果。

4.1.2 收益的不确定性

收益的不确定性是指创新企业不能完全占有技术创新的全部收益。技术创新包括社会效益和私人效益两部分。作为企业，在开展创新之前，一般都是把占有全部创新收益作为创新决策的前提条件。然而一旦创新企业在开展技术创新过程中获得了成功，其他企业包括竞争对手也会千方百计地获取有关技术创新的信息资料，并将其应用于生产经营活动中，这样创新收益就不可避免地从创新企业向非创新企业溢出。实际上，技术创新由私人产权向公共商品转化的过程就是技术创新溢出的过程，就是创新收益的社会化过程。至于创新企业究竟最终能够获取多大比例的创新收益，则是高度不确定的。

4.1.3 制度环境的不确定性

任何技术创新都是在一定的制度空间，即由政府政策构成的制度安排中进行的。从制度经济学的角度来看，技术创新的主体虽然是企业，但企业是在一定的社会经济框架中进行技术创新活动的，技术创新的外部环境直接参与到技术创新过程之中，并且对其发展的速度、方向以及最终结果产生巨大影响。从某种意义上讲，创新产品在何时、何地以何种价格和规模进入市场，在很大程度上并不是由技术、企业或者市场决定的，而是由制度环境决定的。由于制度环境主要是由政府行为的公众偏好所组成，而政府行为和公众偏好均存在着极大的不确定性，从而使技术创新的速度和方向受到了巨大的影响，也给技术创新过程带来了极大的不确定性。

创新运行的不确定性随着创新的推进而逐渐降低，创新成功的可能性则越来越高。在理论界有一种流行的说法，即由于创新运行中存在不确定性使得创新的成功率只有 10% 左右，这种说法显然是夸大了不确定性及其对创新所造成的风险。20 世纪 80 年代以来，根据 Nielson 在 1980 年对 137 种食品行业产品创新的调查，Booz，Allen 和 Hamilton 在 1982 年对美国 850 家工业品、消费品及服务业企业的调查，Cooper 在 1982 年对 138 家加拿大企业的调查，美国广告协会 1984 年对 138 家企业的调查，这些企业单位创新的成功率均在 60% 左右[85]，因此人们有理由对创新充满信心，若采用科学决策手段，则创新的不确定性会进一步降低。

此外，技术创新还存在财务、政策、生产等方面的不确定性。财务方面的不确定性是指由于资金不能及时供应而导致技术创新活动某一环节中断的可能性。企业技术创新需要的资金巨大，且每个环节不能中断，必须保证供应，并能使创新活动持续下去。企业在经营过程中出现财务困难，或技术创新资金无法筹措到位，往往会导致技术创新失败。政策方面的不确定性是指社会政治、国家或地方法律、法规、政策等条件变化对技术创新的不利影响而导致失败的可能性。如不符合国家或地方政府的环保政策、能源政策、科技政策，无法获得产品、原辅材料、设备、技术的进口许可等。生产的不确定性是指在技术创新过程中，由于生产系统中有关因素及其变化的不确定性而导致创新失败的可能性。如难以实现大批量生产、生产周期过长、工艺不合理、设备和仪器损坏、检测手段落后、产品质量难以保证、可靠性差、供应系统无法满足批量生产的要求等。管理的不确定性是指在技术创新过程中，由于管理失误而导致创新失败的可能性。如组织协调不力、其他部门配合不好、高层领导关注不够、调研不充分、市场信息失真、创新主体的领导者固执己见做出错误的决策、市场定位不准、营销组合失误、风险决策机制不健全、研发过程不协调等。这些不确定性导致技术创新过程存在巨大的风险，企业规避风险的行为会阻碍技术创新，因此需要政府的干预。而政府的有效干预应当建立在针对现实问题的基础上并能够适应高技术产业不确定性所带来的变化，而这些则需要通过管理创新来实现[86]。

4.2　高技术产业发展的周期性要求政府管理创新

　　高技术产业是一个相对的、动态的、集合的概念，是若干建立在高技术商业化应用基础之上的产业统称，高技术产业的形成和发展是源于高技术的创新及其扩散，其技术基础的先进性和创新性决定了高技术产业代表着未来产业的发展趋势，是引导产业升级和经济结构变化的先导产业。在已取得的关于高技术产业发展过程的研究成果中，有人在对若干高技术产业发展案例进行实际调研和统计分析的基础上，认为高技术产业是属于技术创新的产业，其发展依赖于技术、人才和资金等多方面资源的逐步积累[87]。因此，就高技术产业范畴中的任何一个具体产业部门而言，与所有其他产业一样，其发展也将遵循产业发展的一般规律，经历新生期、成长期、成熟期和衰退期。相应地，政府在高技术产业发展各阶段中的角色和职能也要随之变化。

　　任何产业的发展都符合产业生命周期的规律，高技术产品更新换代的速度非常快，因此，高技术产业的生命周期非常短暂。以电子产业的电脑行业为例，产品更新速度不断加快，从十年一个周期到五年、一年，一直到现在的一个月甚至半个月就会出现新一代产品。认识产业生命周期理论对于政府高技术产业管理主要有以下三方面作用：第一，可以纠正认识上的偏差。产业与产品一样不可能永葆青春，一方面总要有新的产业出现，给企业以新的机会；另一方面，总要有一些产业退出。产业生命周期规律是市场作用的结果，而不是以政府意志为转移的，有时会受到自然资源赋存状况的影响，但更多的是市场运行的结果。出于非经济因素，保留产业或人为地延长产业寿命，都会造成资源的浪费，阻碍社会的发展。第二，把握产业演化规律。产业演化从一定程度上说是产业相互交替、依次发展的过程，产业之间如何替代？产业替代会导致市场出现何种变化？推动产业替代的动力是什么？在何种条件下产业内部替代不能使产业继续生存下去？等等。这些问题都具有重要的意义，可以更好地理解产业变化。第三，制定合理的产业政策，尤其是产业升级政策。产业发展具有依次变动性，长期对一种或几种产业进行支持的政策或者对某几种产业的限制政策，显然不符合周期规律，因为随着经济变化，产业在国民经济中的地位在不断改变，必须依据这些变化来相应地改变政策内容，推动各产业的健康发展，避免或减少不必要的失误和某些政策的摇摆性及空洞性[88]。此外，政府在发展高技术产业的过程中，若要使高技术产业成为增长极，必须充分把握其处于产业生命周期中的成长期或成熟期的机会，采取有效的措施充分发展，只有这样才能最大程度地发挥其极化和扩散作用，带动经济的增长。

综上所述，高技术产业在发展的不同阶段有不同的特点，对政府的职能需求也相应有所不同。因此，政府高技术产业管理不能因循守旧，一成不变，而应当遵循产业发展的生命周期规律，实现动态的管理创新。

4.3 市场机制的缺陷要求政府管理创新

4.3.1 市场的不确定性

任何技术创新的最终成果都必须接受市场信息检验，技术创新必须恰如其分地描述并反映市场的需求，因此，市场方面的不确定性对于技术创新过程有着决定性的意义。它表明，任何新技术在其诞生之初，由于市场上缺乏有关该技术的供求信息，企业必须在引导、教育消费者、培训员工等方面花费巨资。即便如此，发明者和创新企业对于产品能否为市场所接受也没有把握，对于创新产品对现有市场结构和经济发展的影响难以确定，因而，创新产品的市场前景是不确定的。创新企业必然承担和面临着在建立新的生产线、培训员工、推销产品、引导教育消费者等方面的巨大投资和风险。如何用技术语言来表达市场需要的特征，能否设计并制造出可以满足市场需要或设计目标要求的产品与工艺，这些都是创新企业所面临的现实问题。因此，对于创新企业来说，很难准确地预测未来何种技术将是有用的，何种技术将具有较好的市场需求和发展前景，并以有利可图的产量和价格被购买。另外，市场的不确定性也有可能是在确定了基本需要特征以后，不能肯定该需要将以何种方式变化，亦即由市场细分问题造成的。市场不确定性的来源，还可能是不知道如何将潜在的需要融入创新产品的设计中去以及未来产品如何变化以反映用户的需要。市场的不确定性还包括：当一种创新产品被推向市场时，是否能向用户提供更大的满足，用户是否乐于接受，何时接受，以及创新产品如何向其他领域扩散，等等。当存在创新竞争者时，市场的不确定性还指创新企业能否在市场竞争中战胜对手，这主要是指那些重大创新。相对来说，源于市场需要或生产需要的小的创新，其市场不确定性要小得多。

4.3.2　市场机制的失灵

布坎南认为："市场可能失败的论调广泛地被认为是政治和政府干预作辩护的证据。"[89]高技术产业市场机制的失灵主要表现在市场资源配置的失灵。在市场经济条件下，市场无疑是实现资源有效配置的最基本方式，然而，这种方式只能在一定的范围和限度内发挥作用，一旦超越了这个范围和限度，市场配置就会失灵，达不到帕累托最优状态。而此时必须由政府出面，以弥补市场机制的这一缺陷。高技术处于科技的最前沿，其发展水平对于一国的国民经济的发展具有极强的带动和渗透作用，它能极大地提升一国的经济实力和综合国力，对一国而言，具有极其重要的战略意义。然而，这种战略性是无法在纯粹竞争的市场上反映出来的。在纯粹竞争的市场条件下，发展高技术的实际供给往往达不到与其战略性相符的水平。这时，政府应该从全局的高度和长远的目标出发，创新管理手段，增加有效供给，弥补市场在资源配置方面的失灵。

高技术产业是高风险、高投入、高收益的产业，而从事高技术产业的企业往往资本都非常有限。由于对高技术进行投资具有较高的风险性，因此，多数传统金融机构基于安全性原则的考虑，而不愿向风险企业提供贷款。这便使得这些从事高技术产业，特别是从事高技术产业创新性研发工作的企业通过市场渠道筹集创业资金成为异常困难的事情。而且，企业的经营目标是追求利润达到最大化，这一特点决定了多数企业不会对投资规模大、资金回收期长、获利前景不明朗或具有部分公共产品属性的基础研究进行投资。然而，基础研究无疑是影响高技术产业发展的至关重要、不可或缺的一环，其研究状况在一定程度上可以预示着一国高技术产业的发展前景。所有上述这些问题，都有赖于政府通过创新激励管理机制予以解决。

市场无法解决高技术产业的外部效应问题。发展高技术产业是一种高风险的经济行为，具有极大的外部性和不确定性。同时，高技术产业的成果多数为公共产品，具有非排他性和非竞争性，如果不加以保护，外溢利益得不到报酬，将会极大地挫伤高技术产业从业者的积极性，使从业者选择较少地从事该类活动。因此，政府必须出面革新保护高技术产业发展的政策措施，以纠正市场失灵。

发展高技术产业是一项系统工程，日益呈现出社会化的趋势。高技术研究已经超越了个体的活动方式，而成为一种集体的事业，形成了一种社会协同合作的趋势，它要求官、产、学、研等社会各部门的互动和有效配合，需要不同专业领域的科学家、技术工人相互协作，才能有所进步，在这方面，仅靠市场是难以奏效的[3]。完全市场条件下的信息不完全和不对称，使高技术产业的交易成本提高，导致资源的低效配置和浪费，并最终影响整个社会经济的发展。因此，政府应进一步加大对高技术产业管理的创新力度，强化对高技术发展活动的协调、信息沟通等方面的作用，强化不同国家、不同地区及不同领域内的经济与科技力量的互动，形成合力，推动高技术产业的发展。

4.4 世界高技术产业发展的新形势要求政府管理创新

4.4.1 世界经济发展的全球化和信息化

当今世界，经济全球化趋势日益增强，各国为了吸引资金、技术和人才以推动本国经济发展而展开了激烈的竞争，国际经济竞争的强大压力，推动各国从事政府改革与创新，以保持和增强本国的竞争力。经济全球化要求制定和实施具有普遍约束力的国际规则，提供全球公共物品，解决全球性问题，这促进了全球治理机制的形成。全球治理是各国政府、国际组织、各国公民对国际公共事务的合作管理，它要求各国政府学会两种本领：在横向上，要学会与私人部门和第三部门分享公共事务管理权；在纵向上，学会与国际组织和地方及基层政府分享公共管理权。这样政府权力受到国际组织和他国政府、全球公民社会、国际规则、国际舆论的多重约束。政府治理的全球化要求积极推进政府管理创新，调整政府职能，革新政府权力，提升政府能力。同时，全球化时代是高风险的时代，全球生态环境危机、全球金融和经济危机以及恐怖主义、跨国犯罪和传染性疾病的威胁，对各国政府开展国际合作和协商协调能力提出了更高的要求，这也推动着政府管理创新。进入新世纪，全球范围内科技进步突飞猛进，知识经济和信息化社会时代悄然来临，知识经济要求政府管理科学化、专业化，经济的信息化又要求政府管理的信息化。

经济全球一体化的根本推动力量除了市场的全球一体化以外，还有高技术产业发展供求均衡的全球一体化。在新经济时代，产业成本要素诸如资本、科技人才、技术、信息、管理、知识和服务的配置和流动的全球化速度加快，政府政策对产业发展的促进作用大大超出了传统民族国家政治利益范围的限制，产业的竞争与合作机制成为必然，这是科技与经济高度一体化的必然结果。美国 Bloomberg 的一项研究报告显示，2003 年全球企业并购交易额比 2002 年增加 71.8%，达到 12160 亿美元；交易数量增加 3%，为 19131 宗[90]。这表明，世界经济全球一体化正在加速发展。

为此，各国政府对产业结构调整的干预功能不断强化。这主要表现在：一是制订和实施国家级中长期科技和社会发展计划，这在世界主要发达国家争先恐后地制定跨世纪科技发展战略和计划现象中可见一斑；二是强化国家财政能力建设；三是建立创新环境条件，促进新兴产业生成和成长；四是实施相应的货币政策和财政政策，创造国内产业结构调整需求。

4.4.2　世界各国政府高技术产业管理创新的基本趋势

20 世纪 70 年代特别是 90 年代以来，以高技术产业创新为主体的新经济迅速崛起。正是由于新经济和高技术产业创新活动的全球一体化发展并向纵深推进，一些西方发达国家的经济发展模式和政府经济功能发生了显著的变化，这从根本上推动了政府高技术产业管理行为的创新和发展。建立与完善适应和促进新经济发展的创新体系和支撑条件，包括高技术产业创新的法律基础，引导和规范高技术产业创新和新经济发展的制度体系，是发达国家政府促进新经济发展的成功做法。强化政府高技术产业管理的职能及创新，已成为一种国际潮流。

早在 1996 年 7 月，美国国家科学技术委员会提出的《为了国家的利益发展技术》报告中就强调指出，技术进步是决定经济能否持续增长的一个最重要的因素。高技术创新的全球一体化发展，带来了政府行为创新的新要求，因此，未来政府行为要定位于促进在以知识为基础的经济一体化大趋势中迅速提高本国、本地区产业竞争力的职能上，这是新经济政府政策设计和操作的核心所在[91]。在高技术创新活动中，新型政府功能的形成和作用十分重要。因此，要建设一个在高技术产业中的"有为政府"，必须在转换和创新传统政府行为的基础上，通过制度创新，强化政府高技术创新的促进能力。美国经济学家阿比·约瑟夫·科恩提出，过去 10 年来美国新经济发展主要得益于两方面因素：一是有效的经济政策；二是美国公司商业行为的改变，主要表现为企业对研究与开发投入的大幅度增长。因此，建立和完善能促进高技术产业发展的政府政策体系和制度环境条件，是政府高技术产业管理的基点。

随着世界性产业结构一体化的发展，世界各国政府都从战略角度高度重视国家高技术产业政策的设计和操作，着力形成有本国特色的高技术产业行政管理与服务体系，完善政府在高技术产业管理活动中的促进行为。新经济的发展在客观上对各国政府高技术产业管理提出了新的要求：一是要求政府提高对高技术产业活动的宏观调控能力；二是要求政府的宏观政策要侧重于提高对高技术产业需求的刺激能力和技巧；三是要求政府具有新型的资源配置和调拨能力；四是要求政府的科技行为必须与经济行为一体化。这些要求同时也成为当今发达国家政府职能创新的新趋势，是国家职能适应高技术产业活动的重要表现，也是当今高技术产业创新活动竞争的重要方面。

尤其值得一提的是，有效的制度供给是发展高技术产业的一个非常重要的基础性条件。正如英国著名经济学家诺思所指出的那样，对经济增长起决定性作用的是制度性因素而非技术性因素[92]。对于高技术产业而言，高技术创新行为主体的利益保护必须通过创新的制度供给来实现；高技术企业垄断能力和竞争机制的维护也离不开政府政策的促进；高技术产业"新组织"的形成和发展必须有相匹配的创新制度条件；高技术产业形成的新型分配机制在客观上就是一种创新制度形态……。面对全球一体化趋势日益突显的高技术产业，各国政府迫切需要对传统经济条件下各主权国家的制度供给方式、供给机制及供给内容等方面内容进行调整与革新，以适应高技术产业发展的要求。

4.4.3　高技术产业对人类文化和价值观念的影响

在科技无所不在的现代社会中，高技术对于经济发展的重要作用毋庸置疑，由高技术带来的前所未有的文化影响和精神冲击也是应该严肃面对的。纵观人类社会的发展历史，人类社会的文化、价值、伦理观念是随着科学技术的发展而不断发展变化的。高技术作为一种手段和知识，提高了人们认识自然、改造自然和利用自然的能力，它作用于人们的生产和生活实践，不断地将新的自然物引入人类的社会生活，极大地拓展和深化了人类社会与客观自然之间的关系并直接或间接的改变着人们的思维方式、价值观念和行为规范，从而对人类社会及其文化产生巨大的冲击。

当代高技术的发展对于人类文化和价值观念的冲击和渗透表现在许多方面。由于高技术的应用，使人类劳动的内容、形式和结构都发生了深刻的变化，知识在劳动中的作用比以往任何时候都重要，人们的劳动价值观由以往的以体力劳动为主转变为以脑力劳动为主；就个人而言，由于技术的发展，知识更新的加快，使得劳动者的职业转换趋于频繁，理想社会职业的取得必须通过顽强的竞争和努力的拼搏，劳动者的竞争观念更加强烈，原来封闭保守、洁身自好的价值观为积极进取的价值观所取代；为了跟上不断发展变化的社会步伐，人们的教育观念也相应地从一次教育转向终身教育。所有这些都表明，高技术对于人类社会价值观念和行为方式的影响具有客观实在性和普遍性。

除了可能在观念和行为方面造成可为人们所接受的、积极的变化以外，高技术的发展还可能带来某些负面影响，导致建立在工业文明基础上的人类传统伦理道德的危机。特别是在当代社会，信息技术和生物技术发展所带来的伦理问题已经日益成为人们关注的焦点。比如，作为信息技术发展产物的互联网是一个开放的、具有极高自由性的虚拟空间，人们可以自由地在互联网上发表意见，表现自我。而且，由于网络具有隐匿性，对于人们在网络上的行为缺乏有效的监督措施，从而既为人们追求更大的自由创造了必要的条件，同时也为人们提供了超越社会规范的机会空间。由此，人们在这个虚拟空间中最大限度地追求和享受其权利时，将可能对原有社会权力义务关系造成破坏并引发诸多社会矛盾和冲突，包括个体利益与社群利益之间的矛盾和冲突，个人自主与权威控制之间的矛盾和冲突，保障个人隐私与信息公开之间的矛盾和冲突，自由获得信息的权利与信息安全之间的矛盾和冲突，等等。这类冲突的发生表明网络的发展对人类原有的价值观念提出了质疑和挑战。在网络这个虚拟的生存环境中，人类如何处理好个人与群体的关系，形成符合大多数人利益的社会规范和道德准则就成了我们在推动技术发展时不能回避的伦理问题[73]。因此，政府对高技术产业的管理不仅要注意其技术、经济价值，还应该充分考虑社会文化因素。高技术作用于人类的程度越高，其可能产生的负面影响也就越大。从而在为实现经济的高速增长而必须积极促进高技术产业发展的竞争环境下，"我们必须学会把技术的物质奇迹和人性的精神需要平衡起来[93]"，尽力避免高技术的不当应用对人类道德价值体系的破坏，唯有如此，高技术才能真正推动人类社会和人类文明的进步和发展。而这一要求，客观上也要求政府在高技术产业管理过程中，要根据不断变化的社会环境实现管理创新。

4.4.4　高技术产业创新的国际合作趋势对政府行为的挑战

针对消费者而言，有效创新的实现是一个完整产品的创新，而不是某一个生产环节或零配件的孤立创新，需要产品链上各企业、各部门之间的有机合作。而随着专业化分工的深化，与生产相关的知识和技术在深度上得以积累，在横向上却随着企业内部分工的外部化而加剧了分离。正如贝克尔及莫菲曾指出的那样，分工水平的提高使"每一个企业知道了越来越多的越来越细节化的事情（everyone knows more and more about less and less）。"生产链上的不同分工者对知识及技术掌握"程度的加强"和"广度的减少"，使得他们在创新时必须强调彼此之间的协作，否则很难进行有效的创新，因此企业之间对相关知识与技术的交流与传播需求更甚[94]。因此，对于技术创新的实现而言，专业化分工的深化将导致企业之间合作创新的必要性大大增强，同时各企业知识与技术的外溢、传播、吸收及合作更加重要。国际合作创新目前已成为当今世界发达国家高技术产业发展的有效方式，他们推出的众所周知的国家级科学技术发展规划，就是适应高技术产业发展中高技术创新国际合作化趋势的重要举动。

在政府高技术产业管理国际合作化趋势不断增强的同时，企业 R&D 国际化进程也加快了速度。企业 R&D 国际化主要表现在如下几个方面；一是在国外设立 R&D 机构；二是聘请国外高层次的 R&D 人才；三是与国外企业或研究机构建立合作型的 R&D 机构。据统计资料显示，2006 年，在欧洲的一些国家，如捷克、比利时、葡萄牙、瑞典等国，外国企业的研发占本国企业研发的比例达到 40％以上；在爱尔兰和斯洛伐克，这一比例甚至超过了 60％[95]。这对传统政府科技行为和企业科技行为都提出了严峻的挑战。

4.5 高技术产业在国际竞争中的重要地位
要求政府管理创新

在以经济实力、国防实力和民族凝聚力为主要内容的综合国力竞争中，能否在高技术及其产业领域占据一席之地已经成为当今世界各国竞争的焦点，成为维护国家主权和经济安全的命脉所在。因此，发展高技术产业是推动经济增长、实现经济结构优化升级的关键，发展高技术产业不仅能够改善国际分工地位，增强国际竞争力，而且可以保证国家经济安全。高技术产业具有前导性强、关联度大、附加值高的特点，高技术领域的每一个突破，都会带动一批新兴产业群的成长，形成新的经济增长点，成为推动经济增长的动力，从而创造新的需求，提供更多的就业机会。并且，高技术产业的发展能够从总体上提高国民经济的技术含量和集约化程度，降低初级产业部门的比重，相应降低单位产出对资源的消耗，减轻对环境的压力，从而有力地推动经济结构的优化升级，提高国民经济的整体素质和经济效益。此外，在经济全球化的发展过程中，由于发达国家对技术的垄断，强化了发展中国家对发达国家在技术上的依赖，并使后者在国际分工、利润分配等方面处于极其不利的地位，影响到这些国家经济的稳定和自主发展。包括我国在内的发展中国家只有在高技术产业的发展中提高技术创新能力，打破技术垄断，防止产业控制，改善在国际分工中的地位，在经济全球化大潮中才能够掌握发展的主动权，才能够保证国民经济的稳定增长。因此，能否在高技术及其产业领域中占据一席之地将在很大程度上决定一个国家的发展前景。积极推动高技术及其产业的发展，提高技术进步对经济增长的贡献率，促进经济增长方式的转变，实现国民经济的持续发展，客观上将有利于综合国力的增强以及国际竞争力的提高。

高技术产业对一国国际竞争力的提高具有决定性的作用。因此，通过政府高技术产业管理创新，提高综合国力，事关一国国民经济发展的竞争优势。高技术产业已经使传统的国际贸易理论、发展经济学理论面临着新的突破。即使一国生产要素资源相对缺乏，但只要该国能在高技术产业中占据比较优势的地位，就一定能够获得国际市场竞争的"通行证"，取得世界经济竞争的"决胜权"。这表明，高技术产业的比较优势，不仅是高技术产业增长的国际竞争优势，还是新时期全球资源配置和利用的关键因素之所在。而要取得这种国际竞争比较优势，不只是企业行为的自然扩张和技术变革的内在推动，还必须借助政府高技术产业管理行为的扶持、引导、服务与规范等能动形式，去整合高技术产业所有市场行为主体的创新能力，形成国家创新体系与创新能力，推动高技术产业的可持续发展。从这种意义上说，大国和小国，穷国和富国，不同经济制度的国家，都有可能借助国家高技术产业体系建设，去获得其国际竞争的优势。这在很大程度上提高了世界经济竞争的公平性和合理性，同时，也要求各国政府对高技术产业发展的参与、干预、协调、组织、控制等管理行为必须迅速创新并实现优化。美国迈克尔·博腊和约翰·齐思曼通过考察日本高技术产业发展的实践后提出：国家的比较优势可以由国家的政策措施造成，只要政府管理的大方向正确，而且持续不变，无论资源匮乏、技术落后，还是资金短缺、人口不足等，都不能阻挡一国发展高技术产业[81]。

从客观上看，高技术产业的蓬勃发展和高技术产业在综合国力竞争中的特殊地位，要求政府形成促进高技术产业发展的制度创新环境，而形成与传统经济不同的高技术产业发展的政府管理规则就成为政府管理创新的重点。政府管理的改革和创新是制定适应高技术产业发展的政府制度创新的重要内容。当然，对高技术的政府管理创新不能像对传统产业那样，一味地进行干预和限制，而是要从保护企业行为主体高技术产业创新需求和高技术产业的国际竞争力高度（借助高技术产业获得的技术性垄断并最终形成的市场垄断，是企业从事高技术产业的主要动力所在。这也是高技术产业得以持续发展的重要力量），最大限度地保护发展高技术产业的创新热情，形成激励高技术产业行为主体持续创新的政府管理环境。

从当今世界经济发展形势来看，发展中国家普遍面临着工业化和信息化的双重任务，在经济基础、技术水平以及市场体系的发展程度等方面远远落后于发达国家，在经济全球化的趋势下，发展中国家如果维持常规的自然发展道路，完全依靠市场力量推动技术进步，实现产业结构的调整与升级，不仅过程漫长而且效率低下，使其与发达国家之间的差距不仅难以在短期内缩小，而且有可能由于发展速度的差异而导致这一差距的扩大。这就要求发展中国家通过制定并执行某些政策对经济和技术发展过程进行适当的干预和鼓励以加速高技术产业发展的进程，并充分发挥其对国民经济发展的促进作用，以尽可能地缩短赶超发达国家的历程。

中国政府高技术产业管理创新

第5章　政府高技术产业管理创新的目标与作用领域

高技术产业的不确定性等特点及日趋激烈的国际高技术产业竞争，要求政府不断地进行管理创新。政府通过管理创新，以必要的手段影响高技术产业发展所要达到的最终效果，不仅应当包括克服市场失灵，还应当包括克服政府失灵。在克服两个"失灵"的基础上实现提高两种"竞争力"，即政府高技术产业管理竞争力和高技术产业竞争力。在明确政府高技术产业管理创新目标的基础上，还应当深入分析政府管理创新的作用领域，以提高政府管理的针对性及有效性。

5.1　政府高技术产业管理创新的目标

所谓政府高技术产业管理创新的目标，就是政府通过管理创新，以必要的手段影响高技术产业发展所要达到的最终效果。目前，国内外学术界对于政府高技术产业管理的目标大体上有三种观点：一是消除高技术产业发展的不确定性。持该观点的学者认为，高技术产业政策的根本目标就是影响高技术产业朝着有利于公共利益的方向发展，促进高技术产业发展的规模与速度，缩短高技术创新的时滞，从而最大限度地促进高技术成果的产业化进程。这种观点认为，高技术产业是一个高风险事业，许多项目难免会不成功，政府的核心任务就是要采取相应措施和制定相关政策，以规避高技术产业的风险，减少或者克服高技术产业发展过程中的不确定性。政府的主要任务就是要探索一套能够有效地降低高技术产业发展过程中的不确定性的制度安排，从而使高技术产业在发展过程中面临较少的不确定性[96]。二是建设高技术产业的基础设施。持这种观点的学者认为，开展高技术产业活动的前提条件就是必须存在一定的技术创新基础设施。由于这种基础设施投资具有非连续性的特点以及与之相适应的规模经济的特征，它们不可能完全由市场竞争来提供，必须通过政府行为的干预来达到[97]。在高技术的创新与生产过程中，政府的这一作用尤其突出。莫舍、贾斯特曼等学者将创新基础设施定义为支持创新过程同时又显示出超过个别企业需求的规模经济的各种因素的组合，并将这些因素分为研究开发、金融、制造业以及销售等四大类。在他们看来，"创新的基础设施包括了隐含在各种形式之中并对创新和扩散的不同阶段提供支持的范围广泛的因素，这些因素既包括诸如能源、运输和通讯等传统的物质基础设施因素，也包括隐含在人力资本之中的无形因素，如技术与科学技能等。它们在其生产和供应方面都具有超越了个别企业需求的能力的规模经济，因而它们不可能通过与创新企业垂直一体化来供应，而必须由外部来供应。"[98]三是克服市场失灵。根据阿尔伯特·林克的说法，政府在高技术创新过程中的作用，至少从经济学的观点来看，是克服市场失灵，因为市场失灵隐含在高技术产业发展，特别是高技术创新的每一个因素中[99]。当高技术企业由于所从事的商业风险而在研究开发活动上投资不足时，即会发生市场失灵。当高技术企业由于所从事活动的技术风险而在通过技术或技术基础设施上投资不足或者利用不足时，也会发生市场失灵。当高技术企业由于技术风险或者不能独占收益而在基础科学研究上投资不足时，也会发生市场失灵。政府所承担的一个适当的角色就是实施高技术产业政策以解决市场失灵的问题。我国著名经济学家吴敬琏认为，政府的性质和结构决定了它在直接的生产和商业活动中不具有民间企业所具有的市场适应性和竞争力，因此，它应当尽量从市场活动中退出，更不应当直接经营企业和干预企业的人财物、产供销决策。真正适合政府起作用的是市场失灵的领域。政府应当在建设有利于创新的经济制度和社会环境，确立竞争规则和维护市场秩序，提供公共物品，组织重大共性技术的开发等方面发挥自己的作用。政府必须明确自己的职能定位，减少对科研和生产活动的干预，做好自己的分内工作，才能真正推动我国高技术产业的发展[100]。

本书认为，以上学者们关于政府高技术产业管理目标的三种观点，都没有跳出克服市场失灵的理论框架。高技术产业发展的不确定性是市场失灵的一种表现。高技术产业发展的基础设施论，其根本思想是认为高技术具有公共产品性质，市场提供缺乏效率，需要公共部门来提供，它的本质就是公共产品性质导致的市场失灵，同时高技术产业发展的基础设施毕竟不是高技术产业本身，有了最好的基础设施也并不意味着高技术产业能够顺利发展。因此，克服高技术产业发展中的市场失灵问题，是政府高技术产业管理的基础，也是政府高技术产业管理的主要目标。但是，从政治学以及经济学的角度来看，任何有效的政府的行为还有另外一项基础职能，就是要在克服市场失灵的同时，还要尽可能地克服自身政策的失灵。因此，本书认为政府高技术产业管理的目标不仅应当包括克服高技术产业发展过程中的市场失灵，还应当包括克服高技术产业发展过程中政府本身的政策失灵。

此外，通过政府高技术产业管理创新，不仅要克服"市场"与"政府"的失灵，更重要的是要提高政府高技术产业管理的竞争力，进而提高我国高技术产业竞争力。因此，本书认为，政府高技术产业管理创新的目标是：克服两个"失灵"，增强两种"竞争力"——克服市场失灵，克服政府失灵；增强政府高技术产业管理竞争力，增强高技术产业竞争力。

5.1.1　克服市场失灵

高技术产业的市场失灵主要表现在：高技术的公共产品性、高技术产业的外部性、高技术产业的不确定性。政府应当从这三个方面入手来矫正高技术产业发展过程中的市场失灵现象。

5.1.1.1　政府提供高技术公共产品

萨缪尔森等福利经济学家们认为，由于公共产品的非排他性和非竞争性的特征，通过市场方式提供公共产品，实现排他是不可能的或者成本是非常高昂的，并且在规模经济上缺乏效率。因此，福利经济学家们认为，政府提供公共产品比市场方式即通过私人提供具有更高的效率[101]。从第二章中高技术的公共产品性质分析中可以看出，高技术的公共产品性质主要集中在基础研究和应用研究的一部分。从公共产品性质来看，增加一个人的消费，边际成本为零。在这部分产品中，由于是以零价格消费知识，也意味着只能以零价格生产或者提供知识，因此这部分产品只有由公共部门及政府来提供，即政府通过直接投资来提供公共产品。

首先，从新的高技术知识的创造来看，如果承认研究开发支出与科学技术成果只存在一种正相关关系这样一个假定，那么政府对研究开发的直接参与支出增加，势必会导致增加科学技术成果的供应量，并加强创新企业对于既有科学技术成果的搜索能力，从而为高技术产业发展提供充足的源泉和基础。事实上，政府对研究开发的直接参与，主要是通过两个方面的机理来消除高技术产业发展过程中公共产品性质的影响的：第一，通过鼓励多样化研究开发活动来探索不同的研究开发领域，掌握一定时期科学技术发展的主流方向，从而拓宽在未来科学技术突破的主攻方向的范围，这无疑是有利于高技术产业发展的；第二，增加科学技术知识的供应量，从而增加替代技术选择的可能性。同时，政府对研究开发的直接参与考虑到企业在研究开发方面所面临的实际困难，在有可能发生市场失灵的领域通过建立政府研究机构来弥补这种不足，这在一定程度上也能够符合政策选择的成本——效益原则。因此政府对研究开发的直接参与是必要的，也是合理的。

其次，从技术扩散的角度来看，政府对研究开发的直接参与所取得研究成果的扩散速度要快于企业研究开发成果的扩散速度。这是因为企业研究开发所获得的技术信息将是以一定的速度传播，其交易价格一般采用竞争条件下的协商价格，交易成本巨大，同时还存在比较严重的信息不对称问题，这不利于资源的有效配置。在政府对研究开发直接参与的情况下，由此而产生的技术信息成果归政府掌握，政府就可以从整个社会利益最大化的角度去利用它，这在一定程度上克服了巨大的交易成本，部分解决了信息不对称问题，有利于资源的有效配置；

另一方面，政府对研究开发的直接参与通过国家负担投资，社会整体共享，还可以避免对同一开发内容的重复投资，节约社会为取得该成果而产生的耗费；其次，对于一些社会效益良好，但很难进行收费，因而经济效益较差的公益研究项目，企业不愿参与的，从增加社会效益的角度来考虑，政府也应介入；此外，政府对研究开发的直接参与还有深刻的战略内涵，对于一些具有战略性和长远意义的替代技术的研究开发，尽管目前可能还缺少经济应用价值，但为了增加一国的技术储备，减少未来可能会产生的技术上的冲击，政府也应该直接参与研究开发。因此，政府不仅要直接参与一些基础研究项目，还应对一些经济效益巨大、社会效益突出或公益性开发与应用研究项目给予重点支持。

5.1.1.2 克服高技术产业的外部性

针对外部性对经济发展的影响，经济学家们已从不同的角度进行了研究，比如庇古从"公共产品"入手，奥尔森从"集体行动"入手，科斯从"外部侵害"入手，诺斯从"搭便车"入手，博弈论从"囚徒困境"入手，从不同的侧面对外部性进行了深入的研究，但他们得出解决外部性的方法却是惊人地相似，那就是将外部性问题"内部化"。针对高技术产业的外部性主要是由于高技术产业收益的非独占性的特点，政府克服高技术产业外部性的主要方式有提供知识产权保护、促进合作创新、政府提供补贴等。

（1）提供知识产权保护

提供知识产权保护，就是政府通过一定的制度安排，授予创新者对创新成果拥有其产权，在一定时期独占技术创新的市场收益，而其他人只能通过与创新者进行市场交易来获得技术创新产权和使用权，分享技术创新的收益。也就是将技术创新的溢出效应通过法律授予一定期限的垄断权，从而将技术创新的外部性内化于产权关系中。H.登姆塞茨指出：产权的一个主要功能是引导人们实现将外部性较大内在化的激励。知识产权是保护技术创新的重要手段，在缺乏知识产权制度的情况下，技术创新的溢出效应使创新者不能得到应有的收益补偿，这将抑制企业的创新行为，而知识产权的设立则授予了创新者在一定时期内独占技术创新市场收益的权利，解决了具有公共属性的技术创新成果的"溢出效应"而导致的"搭便车"问题[102]。赫尔皮格的研究表明，一个国家要想促进高技术产业的发展，就必须让潜在的发明家和创新者觉得从事技术创新工作，研究高技术、新技术是值得的，专利保护通过为发明家提供保护并给予他以垄断其发明的权利而刺激了高技术产业的发展[103]。

专利制度是为高技术产业发展中技术创新行为提供产权保护的一个核心制度，对促进高技术产业发展起到了极其重要的作用。第一，专利制度为技术创新行为提供了最重要的动力和激励机制。专利制度是用来保护发明创造的独占权，拥有发明创造的独占权，就可以通过创新获得更多的垄断利润。如果发明创造的独占权没有得到保障，那么一项高技术的出台，任何人都可以仿制和抄袭，就会打击创新者开展技术创新的积极性。另一方面，根据国际上的通行做法和我国的有关法律、法规的规定，发明人可以从单位实施专利的收益中获得相应报酬，这是对广大科技人员的一种激励机制，体现了知识、技术参与分配的原则。第二，专利以及知识产权制度确定了在知识创新活动中大家必须共同遵守的行为规则，形成了一种制约机制。如果不进行创新，而剽窃他人的发明创造，侵犯他人的知识产权，就会受到专利法或其他知识产权法的制裁。第三，专利制度有利于实现技术创新资源的有效配置。随着市场经济的发展，专利制度在实现技术创新资源的有效配置过程中将发挥越来越重要的作用。企业或者创新者在从事技术创新活动时，可以通过专利检索，了解国外专利分布的有效信息，同时也可以通过获取的专利信息，避免重复研究和低水平研究，提高我们的研发起点，确定下一步的开发目标，并有效地避免侵犯他人的专利权。

当然，关于专利制度，也有它的弊病，它有可能引起垄断和技术创新的重复投资，而且技术创新各阶段的成果属性不同，受到保护的可能性差别很大，对保护的要求也不相同。

（2）为私人部门提供财税支持和补贴

由于高技术产业属于高投入、高风险、高收益的技术经济活动，金融机构和商业银行为了避免风险，一般不愿意为企业技术创新提供外部资金支持。而企业的资金更多地用于生产经营，导致创新资金的缺乏，阻碍了技术创新的进一步发展。因此，政府必须通过相关政策的安排，吸引投资者注入资金，强化现有企业自身的融资功能，逐步建立起以企业为主体、多渠道、全方位的资金支持和保障体系。从发达国家政府推动技术创新的经验来看，政府激励企业技术创新的普遍做法是通过直接的财政拨款和税收减免优惠。其目的主要有两个：一是通过政府的财政扶持鼓励产业部门的多样化技术创新或研究开发活动，掌握一定时期内技术发展和技术突破的主流方向；二是增加科学技术的供应量，增加替代技术的选择可能性。对美国等发达国家技术创新体系的研究表明，这些国家之所以能够保持较高的技术创新能力，重要原因之一，就是技术创新和研究开发的多样化，使技术创新者通过替代技术的使用而在相当程度上降低了技术创新过程中的技术因素风险[86]。

（3）推动高技术产业的合作经营

由于高技术存在溢出效应，高技术研发企业不能全部占有成果，使企业缺乏对高技术的投资欲望，因而导致高技术产业的市场失灵。而合作经营是克服这种市场失灵的有效形式。对高技术产业的合作经营，是企业之间或者企业、科研机构、高等院校之间的联合经营行为。合作经营通常以合作伙伴的共同利益为基础，以资源共享或优势互补为前提，有明确的合作目标、合作期限和合作规则，合作各方在高技术研究开发的全过程或某些环节共同投入，共同参与，共享成果，共担风险。这样，使高技术产业的外部性得到了有效的内部化。具体表现为以下几个方面。

第一，有利于技术信息的共享。研究开发的成果往往采取技术信息的形式，因此与通常的产品、服务不同，在消费上具有非排他性，在利益的获得上具有非独占性。这种公共产品的特性，根据技术信息性质的不同而有差异。技术内容越是靠近企业化阶段，那么它就越是有可能被特定的企业使用，多个企业共享这种技术创新成果就越是困难。而技术内容越是基础性的，越是具有广泛的通用性，那么它的非排他性、外部性就越高。如果由一个企业来进行基础性共同技术的研究开发，而其成果由多个企业广为共享的话，从全社会利益的立场来看，研究开发所必需的资源得到了有效的利用，但是对于单个的经济主体来说，由于它难以独享其研究开发的成果，所投入资源的每个单位所能实现的效益就差，因而就会缺乏研究开发的积极性。与这一情形对应，各个经济主体可以集中起来形成集团进行共同研究开发，以此来分担风险，共享成果。这样一来，作为集团总体就可以在某种程度上确保单个经济主体无法实现的专有可能性，取得超过成本的收益。如果能够在参加集团的经济主体间将技术信息的外部性内部化，那么将资源投入到共同的基础性技术研究开发上就不再那么困难。同时，如果多个企业共同投资进行研究开发投入，共享研究开发成果，还可以避免重复投资。

第二，有利于加速技术转移。研究开发所获得的技术信息将以一定的速度广泛的传播。在进行共同研究开发的情况下，参加者间的技术转移将会以更快的速度进行。技术转移的速度要看企业具体以什么形式进行共同研究开发。几个企业凑集资金人才，设立新的研究组织进行共同研究开发，其技术转移当然快；由各个企业分别分担一个技术项目的不同部分，依靠每个企业的研究人员和资本进行研究开发，因其进行频繁的技术信息交流，所以其技术转移的速度也要比技术信息的自然溢出要快。

第三，有利于研究开发资源的有效分配。与通常商品、服务的生产相比，为获得新的技术成果而进行的研究开发所需的投入要素中，人才以及此前的技术知识存量要发挥极其重要的作用。要进行有效的研究开发，就必须有效地分配这些研究人才和技术蓄积，而这完全靠市场来分配是不行的。这是因为：首先，技术人员缺乏市场流动性。技术人员的流动性是由一国的劳动力市场状况、工资体系等因素决定的。与美国技术人员企业的多流动性相比，日本的研究人员、技术人员身处终身雇用、年功序列工资体系之中，虽有企业各部门之间的流动，却缺乏企业间流动。还有大学、研究所与企业间人力资源的流动性也较低。其次，技术信息缺乏交流。现有的技术知识多以企业特有的形态蓄存在企业组织内，难以成为市场交易的对象，且许多技术信息尚处于还不能进行商业交易的中间产品形态。再次，研究开发要素市场交易的有限性。这种有限性大大制约了技术创新的步伐和企业在新领域的研究开发。共同进行研究开发，投向研究开发的资源不是完全通过市场来调配，而是各企业分担供给。不同行业的企业进行共同研究开发的时候，各自提供不同类型的技术人员、技术储备，就更具有对市场机能的补充作用。

第四，有利于克服研究开发的规模限制。作为技术知识的生产活动，研究开发活动与其他的生产活动一样，存在着最小有效规模的限制。如果一个研究开发单位（研究开发机构或企业的研究部门）的规模太小，就不能组织起有效的研究开发活动。一方面由于规模经济的存在，不达到应有的规模就会产生低效率；另一方面由于技术特性的要求，不达到应有规模就不能启动研究开发。这也是为什么小企业较少进行研究开发的原因之一。由于小企业经济技术能力上的限制，其研究开发活动很有可能陷入"小的干不好，大的干不了"的境地。随着现代科学技术的发展，科学技术越来越向着高度化和大规模化迈进，在航天航空、超大型计算机等诸多高技术领域，对研究活动的资金投入、人员素质、设备水平以及技术积累的要求越来越高，仅凭单个企业或机构的力量已经无法驾驭。在这种情况下，多个企业联合起来，把每个行为主体的力量汇总到一起，就可以克服研究开发活动的有效规模限制，有效地实施大规模的研究开发活动。

从主要发达国家推动合作经营的经验来看，主要有以下三种合作经营形式。

① 政府主导企业参与经营形式。在这种合作形式中，政府起主导作用，政府不仅是高技术产业发展目标的制定者，而且是高技术产业发展过程的主导者、高技术发展资源的投入者和成果的所有者。这一形式首先在日本得到应用，随后在欧洲联盟也得到广泛应用。

② 政府诱导企业自主经营形式。在这一合作形式中，企业起主导作用，企业既是高技术产业发展目标的制定者，又是高

技术产业发展过程的组织者和参加者；既是高技术发展资源的投入者，又是成果的所有者。政府通过经济政策，主要是金融政策和税收政策来诱导企业进行合作经营。这一形式在日本、美国和欧洲联盟都得到广泛应用。

③ 政府倡导企业自由合作经营体制。在这种合作形式中，政府既不参与，也不诱导，政府只在舆论上倡导企业合作经营高技术产业，企业间的合作完全是自由形成的，企业是高技术产业研究活动的主导者。这一形式在国内、国际合作中得到广泛地应用。

5.1.1.3 消除高技术产业的不确定性

由于高技术产业存在技术、市场、收益和制度环境等方面的不确定性，这必然造成高技术产业发展的风险。与高技术产业的不确定性相对应，高技术产业存在市场风险、技术风险、技术创新收益和制度等方面的风险。政府要矫正高技术产业发展过程中的市场失灵，就必须克服技术创新的风险。一般认为，政府克服高技术产业风险的有效途径就是鼓励风险资本的发展。所谓风险资本，就是一种承担风险的融资，通常是以长期股权投资的形式提供给私营企业的建立、扩张和收购活动。G. 豪顿（G.Houttuin）认为，"风险资本被认为是以股份形式为专门开发新思想与新技术的小企业的组成与开始营业所承诺的资本。然而，它并不仅仅是为一家新企业注入资金，它也是一种建立企业、组织与管理企业并使其从事商业活动所需要的技能的投入。消极的古典型投资与风险资本之间的区别就在于，在后一种类型的投资中，投资者持续地参与到企业的发展中去[104]。"

一般认为，风险投资是一种企业行为，但是为了促进风险资本的形成与发展，近年来，各国政府纷纷放松有关风险资本的管制规则，并采取措施鼓励风险资本的发展。例如，在德国，对于风险资本的促进始于 1975 年建立的风险资本协会（WFG）。这是一个由 29 家主要银行组成的投资公司，由政府为其贷款损失提供必要的，也是难得的资本；英国则采用了以金融机构作为小企业可以求助的最后借款人的做法；法国也设立了发挥私人风险资本公司作用的公共资金，并且实施了一个由政府对私人风险资本家提供支持的计划，创办了柜头交易市场。

综观世界各国鼓励风险投资的做法，他们的主要措施包括三个方面：一是直接刺激。许多经济合作与发展组织国家的政府都根据各国的实际情况实施自己的各种风险资本项目，以动员风险资本支持小型创新企业的发展，直接的政府措施包括增加风险资本融资的特定政府资助计划。这些计划主要采取财政刺激的形式，但也包括高风险的股权投资和政府贷款。这些政策既可以是针对风险资本企业的，也可以是针对中小企业的。二是直接提供风险资本，包括提供政府股权投资和政府贷款两种。其中，提供政府股权投资是由公共当局提供的。直接股权投资是一种向经济中注入风险资本的最有效的方式，其主要目标是帮助因为风险太高而不足以吸引私人资本的处于种子阶段和起步阶段的小企业。此外，此类股权投资也帮助了以技术为基础的企业，因为私人部门往往对这类企业的长期潜力评估不足。三是财政刺激。为了将充足的资金引入指定的领域，比如创新、创办企业、企业扩张、中小企业、未上市企业或者其他指定的市场领域，政府需要提供财政刺激。这种财政刺激的形式既可能是针对投资者、风险资本基金、基金管理者或者投资公司提供税收刺激，也可能采取为债务或者股权融资提供担保的形式。其中，税收刺激是通过降低有关技术创新成本的形式将基金引向所指定的领域，而担保计划则是通过降低风险将资金引向指定的投资领域。这方面的措施包括针对投资者的税收刺激、贷款担保以及股权担保等形式。根据贷款担保计划，由政府为金融机构所发放的合格贷款提供一定比例的担保。一旦借款者赖账，由此所引起的贷款者损失就只限于政府未担保的那一部分。该计划的本意是鼓励金融机构，特别是商业银行资助具有可行性的技术创新项目但无法满足担保条件的小企业。事实上，政府担保由于提供了一个贷款者损失的底线而起到了一个担保替代品的作用。至于股权担保，其目的则在于克服许多投资者对于高风险投资的恐惧感。然而，在有些情况下，以新技术为基础的企业的所有者不喜欢与其他人分享企业的控制权，而投资者也因为以技术为基础的新企业失败率非常高而不愿意进行私人股权投资。作为补偿，它们一般会要求有非常高

的预期回报率，单项投资的内部利润率一般应该达到 30％～
50％左右，从而使预期综合回报率即使在将可能发生的失败考
虑在内的情况下仍然可以达到 20％～30％，尽管绝大多数小企
业计划并没有显示出具有如此之高的回报率，但由于采取了这
些方面的措施，世界范围内的风险资本保持强劲增长态势，有
力地支持了技术创新活动。

5.1.2　克服政府失灵

5.1.2.1　高技术产业发展过程中的政府失灵及其表现

对于政府失灵，萨缪尔森认为："当政府政策或集体行动所
采取的手段不能改善经济下滑或实现可接受的收入分配时，政
府失灵便产生了。[105]"查尔斯·沃尔夫从非市场经济缺陷的角度
分析了政府失灵。他认为："由政府组织在内政缺陷及政府供给
与重要的特点所决定的，政府活动的高成本，低效率和分配的
公平，就是政府失灵。[106]"综观两个定义，可以归纳政府失灵
为：政府作用的结果不能达到预期的社会公共目标或损害了市
场组织的效率或带来自身的低效时，即为政府失灵。高技术产
业的准公共产品性、外部性和不确定性等市场失灵问题的存在，
为政府管理高技术产业提供了基本依据，但是政府的介入也并
非是万能的，同样存在着政府失灵的可能性。正如道格拉斯·洛
斯所指出的："国家的存在是经济增长的关键，然而国家又是人
为经济衰退的根源。[107]"英国经济学家亨利·西格维克也指出：
并非在任何时候自由放任的不足都是能够由政府的干涉所能弥
补的，因为在任何特别的情况下，后者的不可避免的弊端都可
能比市场机制的缺点显得更加糟糕[108]。总的来说，高技术产业
发展中的政府失灵主要表现在两个方面：一是政府管理不足，
即政府管理的范围过窄且力度不够、方法失当，不足以弥补和
纠正高技术产业发展中的市场失灵，导致了高技术产业发展过
程中市场机制和政府作用的死角；二是政府管理过度，即政府
管理跨越了高技术产业领域中市场失灵的界限，侵入了市场有
效的领域，遏制了高技术发展过程中市场功能的正常发挥。这
两种情况的管理失灵都会影响高技术产业的正常运作和健康发

展。

5.1.2.2　高技术产业发展中政府失灵的原因探析

第一，政府管理机构本身的缺陷。布坎南认为，国家不是神的造物，它并没有正确无误的天赋。国家也是由人组成的，这些人一样也会犯错误，国家的行动要受到一些规则、制度的影响，而这些制度也是人们自己制定的，他们不一定比社会中的其他组织的规则更正确[109]。而且公共选择学派认为政府官员也是"经济人"，在制定和实施政策时也要追求自身利益的最大化，因而政府机构也就不是一个没有自身利益的超利益组织。政府管理机构及其官员的按"经济人"行事的行为动机，决定了他们在实践中并不总是代表着公共利益，政府官员通常是把自身的利益内在化后作为管理机构的利益来代表公共利益，即管理机构的"内在效应"。具体到高技术产业，就是有关的管理措施并不总是按照高技术产业发展的规律制定的，甚至与高技术产业发展所要求的利益取向相背，从而不能满足弥补高技术产业中市场失灵的需要。因而与同外在效应会导致市场失灵一样，内在效应则是导致政府管理失灵的一个重要根源。

第二，信息不完全的制约。正确有效的管理必须建立在充分可靠的信息基础上。但是由于科技发展的日新月异，以及科技产业的复杂性和高度的知识技术密集性，使得政府在对高技术产业信息的把握和拥有上，不可避免地受到不充分性的约束。再加上一些高技术企业和科技活动主体，为了争取到对自身有利的政策而刻意地隐瞒信息或提供不真实的信息，就进一步加大了政府获得完全准确信息的难度。况且政府对高技术产业信息的搜集也不是无代价的，它不仅要耗费时间资源，更要花费经济成本。实际上，政府对高技术产业的决策在大多数情况下都是在信息不完全的状态下完成的，依据不准确、不完全信息制定的管理措施理所当然会有失误和偏差，难以达到预期的效果。如在实施税收管理时，常有不符合享受减免税条件的高技术企业享受了，或是享受减免税的时间已过，仍然在享受，这样就使得国家一方面减少了税源，另一方面，也并没有真正起到扶植高技术产业发展的作用。

第三，政府管理的成本高昂。在政府垄断规制供给的情况下，由于缺乏竞争对手对其生存的威胁，常常导致管理机构运作的低效率，如人们常说的"公文旅行"现象就是政府机构运作低效率的体现。与企业及其经营者追求利润最大化的目标不同，政府管理机构和管理者一般追求的是机构和人员规模的最大化及自己的升迁机会，因而也就缺少降低成本的压力和动力。柏林大学教授阿道夫·瓦格纳早在 19 世纪就提出：政府就其本性而言，有一种天然的扩张倾向，特别是其干预社会经济活动的公共部门在数量上和重要性上都具有一种内在的扩大趋势，这被西方经济学界称为"公共活动递增的瓦格纳定律"。政府管理机构的扩大和人员的增加，必然带来政府预算支出的增加，造成政府管理的昂贵成本[110]。而政府官员为了获得升迁的机会，常常不惜以提高成本为代价来提升自己的政绩。表现在高技术产业领域，就是相关的政府管理者为了使本区域的高技术产业尽快发展并突显成效，不惜违背市场机制和高技术产业运行的规律，大兴高技术产业开发区，提供超越市场失灵范围的管理措施，导致大规模的重复建设、盲目发展，最终的结果也必然是资源的巨大浪费和高技术产业的非良性发展。

第四，政府管理的滞后效应。要使政府对高技术产业的管理确实有效，一个重要的前提条件就是要保证管理的及时性，即发现问题、进行决策、执行决策乃至决策发生作用都必须做到及时准确。而实际情况是，从高技术产业中市场失灵态势的判断，到决策的作出，再到管理行为的正式实施，并最终见效，都要有一个时间上的过程。如反垄断管理，从发现一个高技术企业垄断开始，政府管理机构要对它进行调查，分析其垄断形成的原因是什么，要不要采取反垄断管理，所有这些管理机构都要进行论证。如果得出的结论是要管理，又该进行怎样的管理，是令其分拆还是罚款……。如此反复论证，等到决策最终通过时，经济形势早已发生了变化，原本垄断的企业可能被竞争对手赶上并超过，也可能是因自身缺乏创新而使技术变得陈旧，从而失去了垄断地位，这在当今高技术更替频繁、竞争激烈的时代是再正常不过的现象。因而政府管理的滞后效应可能使管理行为实施的结果与预期的目标相差甚远，导致政府管理失灵。

第五，政府的自由裁量权和寻租。政府对高技术产业的管理虽然以相关的政令、法律、法规和规章为基础，但是通常情况下，这些政令、法律、法规和规章只提供了管理的基本原则或准则，至于大量具体而详细的规则并不能完备，有待管理机构和管理者在实践中进一步完善。这样政府管理机构和管理者拥有一定程度的自由裁量权，在将管理政策具体化时有可能僭越有关的政令、法律、法规和规章[111]。如对高技术产业的外部经济性可以采取税收减免或补贴的形式进行补偿，但究竟采取那种办法以及税收减免多少、补贴多少决定于管理者的自由裁量权。自由裁量权的存在为寻租活动提供了空间。寻租是利益相关者利用各种合法或非法的手段（如游说、行贿等），对政府管理机构及其决策施加影响，以争取对自己有利的规制。寻租是一种非生产性活动，在带来资源浪费的同时产出为零。此外寻租还导致资源配置的扭曲，因而是资源无效配置的根源之一。

第六，利益集团的影响。以 Stigler，Peltzman 和 Posner 为代表的规制俘虏理论认为政府管理是为适应产业的需要而设计和实施的，并为其利益服务。由此得出的结论是政府管理的立法机关和政府管理机构仅代表某一特殊利益集团的利益，而不是一般公众的利益[112]。重大产业政策和管理措施与利益集团之间的相互依赖性将不可避免地导致高技术产业中政府管理的失灵。以美国为例，美国任何重大产业政策和管理措施的形成和制定，几乎都与相关利益集团的相互斗争和妥协密切相关，对高技术产业的政策和管理措施也不例外。如美国微软反垄断案历时十年之久，集中体现了不同利益集团的斗争是十分激烈的。由于各相关利益集团的目标和利益差别较大，高技术产业中的政府管理失灵不但不会消失，反而会日益增加[113]。

5.1.2.3　消除高技术产业发展过程中政府失灵的途径

在高技术产业发展过程中，一般认为消除政府失灵的途径主要有两个方面：一方面是充分发挥市场配置资源的高效性。市场机制的缺陷要靠政府调节来弥补；反过来，政府的某些缺陷也应运用市场机制来克服。另一方面是在政府调节经济中尽可能少用行政手段，即将政府的政策导向寓于财政、货币等经济手段之中，运用市场机制或利益驱动机制实现政府的政策目标。例如，运用政府投资和政府采购手段，利用税率、利率、汇率等手段，引导资源的合理流动和配置，推动社会总供应和总需求平衡，促进产业结构优化升级等。减少行政干预手段，增强经济干预手段，就是政府从直接干预向间接干预的转变，从提高政府干预"强度"向提高政府干预"质量"的转变。

克服高技术产业发展过程中政府失灵的一个国际通行做法是在政府自身建设中运用竞争机制。针对政府机构的无效率性，打破某些官僚机构对某些公共物品的垄断性供给，在各官僚机构之间引进竞争机制，可将一些公共物品的供给交给私人企业来承担。公共物品的特性决定其生产必须由政府承担，但是事实上，私人机构也能在政府的统一协调下，有效地提供某些公共物品和服务。近年来，在美国，公共产品尽可能地由私人来提供已经成为一种潮流。其中许多科研项目就通过招投标的形式，由政府发布指南，由企业来具体承担研制任务。相比之下，私人提供公共产品的效率往往更高些，换个角度看，政府科研项目私营也可以被视为公共部门的市场化过程，也就是政府逐渐从部分公共部门中退出，或从前台转入后台。这样政府机构作为公共物品生产的组织者和协调者，而非唯一的生产者，不仅可以通过提高公共物品的供给效率，也可促使公共机构在与私人机构的竞争中改进服务质量，提高工作效率。

克服高技术产业发展过程中政府失灵的另一个国际通行的做法就是建立国家创新体系。建立国家创新体系，既可以保证政府在科技领域与经济活动之间的应有作用，又可以克服政府失灵问题。第一，国家创新体系是一个综合性的社会建制，企业及其创新能力则是核心环节。"创新是不同行为者和社会建制复杂的相互作用的结果。技术变革并不出现在思想的线性序列之中，而是出现于国家创新体系内部的反馈环之中。国家创新体系的中心是企业，企业通过接触外在的知识源来组织生产、进行创新以及与各种外在的知识建立联系。企业的知识源可以是其他厂商、公共和私人研究机构、大学或中介机构，这些知识源可以是区域的、国家的或国际的。在这里，创新型的厂商可以被看作是处于与其他厂商和其他社会建制所构成的合作与竞争的网络之中，与之同舟共济，与供给者和消费者保持密切关系。[114]"这就是说，创新体制通过强调企业在技术创新的主体地位来克服过渡干预或错误干预造成对创新活动的扭曲。一方面，国家创新体系不仅不排斥政府的作用，而且还为政府干预畅行提供了行为原则，即政府干预创新活动不能超越或破坏国家创新体系的整体功能。从国家创新体现的角度看，国家在推进现代科学技术革命中的作用具有决定意义。这是因为，在现代社会条件下，国家在通过知识创新把科技活动与经济活动统一协调方面，在政府、企业、教育、科技等机构之间建立协调关系方面，在为技术创新建立各种法律、法规、政策等保护方面，在通过政治手段和经济方式来为知识创新配置各种社会资源，特别是巨额资金投入方面，都具有不可替代的优势。另一方面，国家创新体系可以通过创新活动把政府、大学、研究机构和企业等有机地结合起来，组成一个创新链，在该创新链上，政府、企业、大学、研究院所、中介机构等创新行为主体为寻求一系列共同的社会和经济目标而建设性地相互作用，并将创新作为变革和发展的关键动力，从而推动技术的创造、引入、改进和扩散。国家创新体系的主要功能是优化创新资源配置，协调国家的创新活动，从而更加有效地发挥政府的主导作用[86]。

5.1.3　增强政府高技术产业管理竞争力

5.1.3.1　增强政府高技术产业管理竞争力的必要性

政府高技术产业管理竞争力问题是在国际经济竞争日益加剧、高技术产业活动与知识经济迅速崛起的大背景下得以提出的。它是反映政府通过政策、法规、规划与计划等手段促进和推动高技术产业增长、扶持和规范高技术产业活动发展、加快高技术企业成长的竞争实力，是在一定经济体制下政府经济功能在高技术产业管理中所表现出来的综合竞争力。

从理论渊源上分析，古典经济学的比较优势理论和相对比较优势理论可被视为竞争力存在和作用的基础。政府高技术产业管理竞争力是一国综合国力竞争优势中的一个重要组成部分，也是政府高技术产业功能的主要实施方式，因此，政府高技术产业管理竞争力就成为决定一国社会整体创新能力的重要内容。从政府经济学的观点分析，政府经济功能的发挥是弥补"市场失灵"的重要方式，是加快一国工业化和现代化速度不可替代的力量。而政府功能的产生和发挥，除了政府财政政策和货币政策之外，还必须辅之以产业政策。即从强化政府产业管理竞争力的角度，增强政府经济功能对国民经济作用的效果，尽量减少"政府功能失灵"。从发展经济学的观点分析，发展中国家必须把消除"二元经济结构"作为工业化发展的主要目标。这不仅使政府经济功能的强化成为必然，而且使政府经济功能的重点有了战略性调整的必要。为此，必须把政府经济功能集中在工业化发展的国际竞争力上，进而形成一套能促进政府产业管理竞争力提高的政府政策体系。从世界经济论坛和瑞士洛桑国际管理开发学院的观点分析，一国国际竞争力取决于以下五种不同因素的组合：变革素、变革过程、环境、企业自信心和工业序位结构等。由此形成两方面相互联系、相互作用的竞争力，一方面是企业竞争力，另一方面是环境优化竞争力。在很大程度上，环境优化竞争力成为制约企业竞争力、国际竞争力的主要因素。而环境优化竞争力又与政府经济功能作用形成和效果密切相关。从发达国家高技术产业实践分析，要提高政府高技术产业管理的效果，必须以强化政府高技术产业管理竞争力为关键。

决定和影响一国或地区政府高技术产业管理竞争力的主要因素主要有三个方面：一是高技术产业规模因素。这是影响一国政府高技术产业管理竞争力的基本因素。一方面，只有在高技术产业发展到一定规模之后，国家政府才有对其实施产业管理的必要和可能；另一方面，高技术产业规模的扩大，使其对政府财政收入增长的贡献提高，从而奠定了政府高技术产业管理的必要性、主动性、积极性。二是政府高技术产业管理能力因素。它主要包括政府高技术产业财政投入力度指标、政府高技术研究与开发财政投入力度、政府高技术产业的政策扶持力度、高技术产业政府管理机构设置和功能作用、高技术产业市场行为主体利益矛盾的政府规范力度等。三是政府高技术产业管理效果因素。其衡量指标主要包括高技术产业增长幅度指标、高技术产业在国民经济中支柱产业地位的形成和扩散程度指标、高技术企业成长指标、高技术企业规模化发展指标、高技术产业对国家财政收入贡献率指标、高技术企业就业贡献率指标、高技术产业国际竞争力指标及高技术产业在推动国民经济产业结构调整中的带动作用指标等。

增强政府高技术产业管理竞争力，可以有效地促进和推动高技术产业增长，扶持和规范高技术产业活动发展，加快高技术企业成长，刺激高技术产业需求，改善和提高高技术产业发展制度的有效供给，建立和健全适应高技术产业活动发展的市场结构与市场体系，建立和强化具有自主开发能力和知识产权形式的高技术产业体系，建立和完善促进高技术产业发展的企业家才能供给和研究与开发人才供给的社会化服务体系和保障体系等，保障国家经济安全。

5.1.3.2　增强政府高技术产业管理竞争力的条件

增强政府高技术产业管理竞争力既是一个多重目标体系，更是一个客观过程。作为一个社会系统工程，政府高技术产业管理竞争力建设必须具有一定条件体系的支撑与服务。

具体而言，政府高技术产业管理竞争力提高的条件主要有以下几方面。

① 国家规划和战略的支撑条件。高技术产业发展计划和战略成为国民经济中长期发展规划的重要组成部分，这是政府高技术产业管理的需求条件，也是提高政府高技术产业管理竞争力的充分条件。规划和计划是高技术产业政府功能的主要形式，也是政府高技术产业管理竞争力提高的主要方式。规划和计划的全局性和战略性，对于提升政府高技术产业管理竞争力的作用是不可低估的。政府全力支持基础研究是政府科技行为的重要内容。美国高技术产业的产生和发展，美国综合竞争力的迅速提高，与美国政府长期以来全力支持科学技术基础研究的政策和行为是密不可分的。1945 年 7 月，时任美国科学研究与发展办公室主任的 Vannevar Bush 向罗斯福总统提交了一份题为

《科学：永无止境的前沿》的报告，强调了基础研究对国家整体利益的作用[115]。此后，美国历届联邦政府一直是基础研究经费的最主要提供者和支持者，始终占一半以上，大部分在 2/3 左右。特别是进入 20 世纪 90 年代以来，美国用于基础研究的投入一直名列世界首位，重视基础研究的宏观环境导致美国科学技术创新能力得以迅速提高，自 1936 年到 1995 年美国研究人员获得或分享了 56 个诺贝尔化学奖中的 25 个。

② 高技术产业发展规模和实力条件。这主要要求高技术产业作为国民经济支柱的产业化能力、高技术产业的国际化能力、高技术产业对财政贡献率的不断提高。

③ 有效弥补市场机制的缺陷和不足条件，在改善市场结构、提供市场信息和改善高技术产业基础设施条件等方面发挥政府经济功能的主体作用。从发展趋势看，提高政府高技术产业管理竞争力必须针对高技术产业中"市场失灵"的可能方面。

④ 需求引导和刺激条件。引导和刺激高技术产业需求和相关需求创造是政府高技术产业管理竞争力形成和强化的主导方面。

⑤ 高技术企业的有序竞争条件。规范和协调高技术产业企业行为主体和居民行为主体在高技术产业中的利害冲突和利益矛盾，提高政府对高技术产业的法规监管能力和水平以及对高技术产业的宏观调控能力。

⑥ 国家整体高技术产业能力条件。强化国家高技术产业的整体能力建设，实现国家宏观经济政策目标，是政府高技术产业管理竞争力提高的充分条件。这是从根本上确保一国国家经济安全的终极手段。

⑦ 国家高技术产业国际合作与交流条件[81]。

5.1.4　增强高技术产业国际竞争力

5.1.4.1　高技术产业国际竞争力的实质

目前，人们对国际竞争力的定义性认识或理解仍然存在着许多的差异。如《世界经济论坛》在 1985 年的《关于竞争力的报告》中提出，国际竞争力是"企业主目前和未来在各自的环境中以比其他国内和国外的竞争者更有吸引力的价格和质量来进行设计生产并销售货物以及提供服务的能力和机会"。美国《关于产业竞争力的总统委员会报告》将国际竞争力定义为"国际竞争力是在自由良好的市场条件下，能够在国际市场上提供好的产品、好的服务同时又能提高本国人们生活水平的能力。"我国社科院工经所的一些学者们则把国际竞争力定义为："在国际间自由贸易的条件下（或排除贸易壁垒的假设条件下），一国某特定产业的产出品所具有的开拓市场、占据市场并以此获得利润的能力。"……上述关于国际竞争力的定义性论述都有一定的道理。笔者通过总结和归纳认为，所谓国际竞争力，是一国特定的产业通过在国际市场上销售其产品而反映出来的生产力，即该国该产业相对外国竞争对手的生产力的高低。其实质是（在国际间自由贸易条件下（或在排除了贸易壁垒的假设条件下），一国特定产业以其相对他国的更高的生产力，向国际市场提供符合消费者（包括生产消费者）或购买者需求的更多产品，并持续地获得赢利的能力。）由此而论，高技术产业国际竞争力的实质即（在国际间自由贸易条件下（或在排除了贸易壁垒的假设条件下），一个国家或地区的高技术产业以其相对他国的更高的生产力，向国际市场提供符合消费者（包括生产消费者）或购买者需求的更多产品，并持续地获得赢利的能力[116]。

　　高技术产业是一种新兴产业，这种新兴产业的结构特征主要是无特定结构和不确定性，除了已有的产品及企业外，新出现的产品和新成立的企业特别多，同时许多新的商机和产品也在孕育、萌芽和形成之中，但是，尽管这些新商机在孕育之中，它们也只能是一些未来才能面市的产品，具有强烈的不确定性。另外，随着技术进步的加快，技术之间的融合成为了高技术产业发展的一种趋势。同时，也有许多原有的产业纷纷解体，形成新的产业。因此，未来高技术产业的产业结构将会是相当复杂和不可预测的。

　　基于高技术产业的上述结构特征，我们可以把高技术产业中的竞争分成两部分：一部分是现在已经存在且结构界限清晰可辨的已结构化部分内的竞争，另一部分的竞争则是在尚未结构化或者说尚无特定结构部分内的竞争。显然这两部分的竞争所遵循的竞争规律是不一样的。因为,在已结构化部分内的竞争主要是争夺市场份额和利润的竞争。而尚未结构化部分的竞争是面对未来的竞争,主要争夺未来的商机而不是市场份额。在已结构化领域内的竞争规则基本上都是确定的,而尚未结构化领域内的竞争规则却没有确定,其竞争就是为了争夺产业未来的结构。在尚未结构化的高技术产业领域内,科技的进步可以拓展出许许多多的商机,竞争的空间十分巨大,甚至可以找到几乎无竞争对手的细分市场,而且,竞争规则尚未形成,任何有志于参加竞争的企业都有可能获胜。而已结构化领域内的竞争则由于产品生命周期短可能使得后来的竞争者一进入就遭遇产品更新换代的危险,而且先发优势使得该领域内的竞争格局在生命周期内已基本确定,竞争规则主要是由领先者确定,其他竞争者只能被动追随,因而在这种竞争中后来者很难再有制胜的机会。因此,高技术产业领域内的竞争在尚未结构化领域内的竞争比已结构化领域内的竞争更重要。因为在这个领域内竞争的成功者将可以抢先占领商机和获得先发优势,可以另辟市场,超越恶性竞争。

5.1.4.2 政府行为对高技术产业国际竞争力的影响

在高技术产业的发展中,政府所能起的作用之一是制定产业政策和发展战略,政府通过制定产业政策和发展战略可以在为某些高技术产业部门指明其前进方向等方面发挥至关重要的作用。以日本为例,第二次世界大战后,日本通商产业省在经过仔细研究后,明确地提出了长期发展最先进技术的产业政策,尤其是在 20 世纪 70 年代,通产省将计算机和半导体作为了日本的目标产业,为此把微电子方面的创新放在优先的地位并通过"行政指导"来影响微电子产业的发展。这一导向使日本经济的结构变革形成了以发展先进技术为导向的长期模式,这个作用对于未来技术进步方向,乃至整个日本高技术产业的跨越式发展和国际竞争力的迅速提升有着巨大的影响力。一方面,在这一产业政策的导向下,日本政府在建设适合高技术产业发展的基础设施、创新以及其他影响高技术产业发展的外部因素方面起着积极的作用,为其高技术产业国际竞争力的快速提升提供了富有竞争力的平台。另一方面，产业政策起着一种宣传的作用，在政府产业政策的导向下，日本更多的国民和企业会认清政府产业政策所倡导的产业如半导体、计算机等的重要性，因而使得更多的资源涌向这些相关产业，从而导致日本高技术产业规模的迅速扩大和创新能力的加强。相反，在产业政策方面，美国政府却对微电子产业采取超然的态度，并没有制定类似日本通产省的高技术产业政策对微电子产业进行倾斜和支持，因此而导致了美国在半导体产业中的产业盟主地位在 20 世纪 80 年代被日本夺取。之后，美国各界对此进行了检讨，许多专家认为，尽管产业政策、政府与企业之间的关系并不是日本在一些高技术产业方面迅速赶上美国的唯一原因，但通产省制定的产业政策以及其对日本公司提供的独特援助显然使日本的高技术产业发展得到一种相当大的优势。尔后，美国政府也开始一改对高技术产业发展予以放任的态度，如在克林顿执政后，成立了国家科技委员会（NSTC），负责协调科技发展战略，制订关键技术计划，并对科技预算的分配提出政府的意见。对于发展中国家的高技术产业来说，其在激烈的国际竞争中拥有的竞争优势是较少的，而且，要尽快地提升其国际竞争力就必须采取跨越式的发展模式，因此产业政策的导向和政府的支持就显得更为重要。

政府在对维系高技术产业发展所需的人力资本、专业技术基础设施（如光纤通讯网络、技术信息、中心等）的投资与建设上发挥着重要的作用，各国政府还在风险投资方面扮演重要的角色。对于高技术产业国际竞争力的培育而言，国际营销是提高一国高技术产业国际竞争力的重要影响因素，当创新的产品必须超过国家边界并渗入外国市场时，营销所需要的基础设施包括信息服务等需要有一种规模经济效益，而这是任何一个企业所无力承担的。政府能否提供良好的这种类型的公共信息和政府在人力资本的培养中能否培养更多国际营销人才，对一个国家高技术产业的国际竞争力至关重要。据"中国高技术出口结构、潜力与对策"课题组于 1998 年对在我国高技术产业发展中起中坚作用的科研院所的出口情况进行的调查数据表明，有近 63.7% 的科研院所认为缺乏国外市场信息是阻碍科研院所技术出口的第一位障碍，38.9%的科研院所把提供国外市场信息列为对政府提供服务的第一需求[117]。

政府在协调产学研联合等方面也发挥着重要的作用。高技术产业中的技术创新是复杂的系统工程，不仅涉及产、学、研等多个方面的实践主体，而且，由于其复杂性和高度的不确定性，单一主体的资源和优势很难在足以获得竞争优势的时间内完成技术创新的任务，而联合科研则因其资源的整合性和优势的互补性特点，可以使技术创新取得明显的竞争优势，在不断提高技术创新能力的同时，使其创新所耗时间大为缩短。另外，由于高技术产业具有高风险性，多数企业都不愿意将人、财、物资源投向没有一定回报把握的技术研发项目，而政府制订联合科研计划，则可以事先由政府投入一定的政策或资金支持，在相当程度上减少了企业在技术创新过程中的风险，以激发企业进行高技术研发的积极性和创造性。在日本，发展高技术产业的一个行之有效的方法就是由政府协调组织联合科研攻关项目。日本在20世纪80年代实施了"超级计算机项目"。该项目就是由通产省统一协调和指挥相互竞争的各计算机公司进行的研究和发展工作。它使得各参与公司在朝着同一个既定目标努力的同时，避免了各公司在研发过程中不必要的重复工作。当然，这种日本的联合科研并不排斥相互竞争，因为联合科研只涉及通用性的平台技术，在具体的工艺设计等方面仍然存有竞争。另一方面，联合科研可以因资源的整合和优势的互补而使各参与企业的科研能力及竞争力均得到提升。在政府协调下的联合科研已被公认为是日本高技术产业国际竞争优势的重要来源之一。日本政府在高技术产业发展中的这一功效随后被其他国家模仿。如美国政府积极协调并组织了包括全国14家大半导体公司在内的研究联合体，并于1992年扭转了自20世纪80年代以来在半导体世界市场上一直落后于日本的局面，在市场份额方面重新超过了日本。尽管产生这种戏剧性的变化的原因是多方面的，但不可否认政府的积极干预在其中起了不可或缺的作用。

政府采购对于增强一国高技术产业的国际竞争力发挥着重要的作用。所谓政府采购是指政府或其代理人作为消费者为其本身消费而不是为商业转售所进行的采购行为。通常在技术经济指标（质量、性能、价格与交货时间等）大致相同的情况下，政府采购会优先使用本国产品或服务。政府采购还包括利用政府资金对样品和样机等中间研究成果、技术诀窍以及关键技术部件进行的预先招标采购，以鼓励企业的技术创新活动。高技术产业的技术创新具有高度的不确定性，而政府采购可以在相当程度上为创新产品和创新企业提供一个稳定的、并因而可以做出清晰预期的市场，以大大地降低技术创新活动与市场之间的诸多不确定性和风险。这是因为，一方面政府采购相当程度上对高技术产品的性能等技术参数有着明确的诉求，这样会给创新的高技术企业的研究开发以一个较为明确的导向和限制，从而降低了技术研究开发过程中的不确定性和风险。这些不确定性和风险的降低带来的竞争优势之一就是降低了技术创新的成本。另一方面政府采购也会在相当程度上降低企业创新行为的市场风险。政府市场作为一个稳定的、可预期的联系创新产品与市场之间的桥梁和媒介，可以大大地减少从事创新的高技术企业在市场开拓、刺激顾客等方面的成本和风险。而政府采购所采取的公开、公平的方式和原则，使市场竞争的效率得到极大的提高。这种"择优录取"的购买方式会更好地促进企业的技术创新或建立其他优势，这一点对于市场发育不充分的国家显得尤为重要。而且，政府采购对某些产品或劳务的使用还将起着一个消费的示范作用，以刺激更多的企业或个人对创新产品或劳务的使用，从而导致市场规模的进一步扩大。特别是当政府在采购过程中对创新产品或劳务提出许多严格的要求时，将会使该国在这一领域内构筑更加强大的国际竞争优势。另外，政府采购所构成的一个明确的市场需求可以降低创新过程中的风险，这将会导致更多的企业家精神迸发的创业和创新活动。而且，如果一个国家的政府采购行为是全球先发性的，在一个领域内的政府采购所诱发的技术创新和创业活动将使得这个国家率先在该领域内培养出专门人才、积累经验以及最早培育出与该产业相关的一些相关性产业和最先占领一定的市场份额。对于具有明显的先发优势和正反馈竞争效应的高技术产业来说，显然这将不但使得这个国家在该领域的国际竞争中构筑起良好的基础，而且这种先发优势又很容易被正反馈效应放大成具有路径依赖的长期优势[116]。

在财政方面，政府对高技术产业的刺激主要分为研究开发补贴和税收优惠两大类。研究开发补贴主要是指政府对高技术企业的开发活动予以一定数额资金的资助。而税收优惠主要是指对高技术企业的研发、生产等活动所涉及的税收给予一定的减免税优惠。众所周知，技术创新收益存在着一定的溢出效应，而技术创新收益的溢出从一定意义上说，就代表了创新企业的技术创新收益的净损失。创新企业无法较好地占有创新收益，势必会影响到高技术企业进行创新开发研究的积极性、主动性和创造性，从而导致高技术研究开发的投资不足。政府补贴则可以在相当程度上，起着补偿的作用，从而刺激高技术企业对高技术研究开发的积极性、主动性和创造性，并加大对其的投入力度，以保证高技术产业健康发展。另外，随着高技术产业研发活动的日趋复杂化发展趋势，加之其高度的不确定性，使得对一个研发项目的投入越来越高，有的已远远超出一般单个企业可以承受的财力支撑。此时，政府资助可以使得一些单个企业难以承担的重大研究项目得以进行或者因增加了投入而加快研究开发的速度等。把这两个方面总结起来，可以说政府补贴能够增加或加快增加一个国家科学技术的供应量，以使其国际竞争力和竞争优势得以迅速提高。

但是，许多观点则认为，政府的研究开发补贴是缺乏效率的。支持这种观点的一个重要理由就是政府官员并不能正确地对于研究开发项目和应该给予补贴的企业进行挑选。赖昂·勃林格和詹姆斯·M·厄特巴克等人的研究表明，在政府的财政刺激措施中，税收刺激是比财政补贴更为有效的政策工具[118]。不少国家的实践表明，政府对高技术企业的研究开发及其他活动的税收减免可以促进该国高技术产业国际竞争力的提升，外国学者沙赫利利用生产结构模型，就加拿大的税收减免对研究开发投资的影响进行了实证研究，结果发现，给予研究开发的税收减免对研究开发投资具有显著的正激励效应[119]。1996年对我国的高新区企业的调查显示，74.4%的被调查企业认为税收政策对企业的发展很重要，在所有的优惠政策中名列第一位[117]。税收优惠对一个国家高技术产业国际竞争力的影响主要反映在税收优惠能够降低企业从事研究开发的成本，从而能够刺激企业进行更多的研发投入，能够刺激更多的个人和高技术企业从事研究开发，因此它也有着与财政补贴一样的功效：增加和加快科学技术的供应，提高高技术产业的技术创新能力，税收优惠还会刺激更多的富有企业家精神的人进行创业活动。

政府管制是影响一国高技术产业国际竞争力的另一种重要的政府行为。在高技术产业的发展中，政府管制可以分为两大类：一类是纯粹的技术性管制，主要是指政府通过实施一些技术规范、技术标准等来约束高技术产品的质量和性能保证能够符合消费者对安全、健康等方面的要求，如医药管理局对有关新药的生产、上市批准的各种规定和标准等。另一类是制度性管制，这一类管制主要是一些旨在协调各种经济主体之间的关系而实施的一些政策、法规以及措施等，如反垄断法、反不正当竞争法等。政府管制对高技术产业国际竞争力的影响犹如一把双刃剑，有的政府管制可以促进一个国家高技术产业国际竞争力的增强，有的则会阻碍国际竞争力的提高。如一些政府的技术性管制增加了对产品或劳务的约束限制条件，加深了对市场的细分，引导技术创新活动进入了一个更加细分的和更为专业化的新领域。同时，这些约束也给技术创新指明了一个明确的方向而降低技术创新过程中的不确定性和风险，有利于产品质量的改善和技术创新能力的提高而导致相关的高技术产业国际竞争力的提高，等等。另一方面，政府管制也可能对技术创新带来负面的影响，政府管制导致约束条件的增加也意味着创新难度的增加，导致高技术企业的研究开发或生产成本随之增加。此外，政府管制会导致产品开发时间的延长以及因等待政府的批准而额外耽误时间，从而影响到新产品进入市场的时间，延长了发明创新的时滞。当然，如果政府管制部门的办事效率低下，则必将导致高技术产业创新成本的升高，管制规则往往还会因为表述的不准确而带来理解上的困惑以及管制规则的多变性等问题，这些都会增加技术创新过程中的不准确性和风险。所以，政府管制在影响高技术产业发展方面具有正负双重效应。如何趋利避害，充分发挥政府管制的正面效应，扼制其负面效应的产生，是有待于我们今后认真分析并加以解决的。

5.2　政府高技术产业管理创新的作用领域

5.2.1　限定政府行为的必要性

根据政府权能理论，社会的存在与发展需要政府的干预和管理。然而，政府的这种干预和管理不是无限的。说政府的这种干预和管理是有限的至少蕴含着两个层面的价值判断：一是对于政府自身来说，它意味着政府权力的自我限制或道德自律：已经合法授予政府的权力必须谨慎行使，不可滥用。二是对于社会和公民来说，它意味着，政府的权力是保障社会及其公民的公共利益的工具，政府行为不得侵犯社会公共利益，自然更不得侵犯公民的私人权利。当然，上述两条限制只是原则性的规范。随着时空的变换，对政府行为进行限制的具体内容是有变化的。如20世纪之前的亚当·斯密、密尔等政治思想家们认为，政府的行为应当严格限定于维持"和平与秩序"这样一个有限的范围内。斯密认为，任何超出"和平、轻税和某种程度的司法行政"范围的政府行为，都是"不自然"的。密尔主张，个人能办的事情尽可能由个人来办，"不必要地增加政府的权力会有很大的祸患"。在国家事务较为简单的历史时期，"守夜人式"的政府管理及其行为范围是可能的。然而，进入20世纪以来，随着国家事务的迅速增多，这种"守夜人式"的政府管理及其行为范围显然已无法适应社会发展的需要，于是，有一大批经济学家和政治家们纷纷提出扩大政府权力范围的要求。如凯恩斯认为，亚当·斯密主张的"看不见的手"已经"失灵"，由政府以财政和货币等杠杆来干预经济和社会生活，增加有效需求，是现代政府责无旁贷的责任。由此，政府管理的作用领域必须要重新调整，它日益向原本属于社会和个人"自治"的领域渗透。当然，此处凯恩斯式的"干预型政府"的管理权利是有一定界限的，任何危及西方民主制度和社会整体利益的政府管理行为都是不允许的。可见，无论是20世纪以前，还是20世纪以来，政府管理权力的具体范围虽然有所不同，但必须都是有限制的[120]。高技术产业的发展离不开政府的干预和管理，但是这种干预和管理也是要有一个必要的限定，一个有限而又有效的政府行为才能成为促进高技术产业发展的"有为政府行为"。

首先，有限政府是高技术产业有为政府的必要条件。不论在计划经济体制下，还是在市场经济体制下，一个无限的政府就是一个无所不包的政府，也就是一个万能的政府。在这种政府万能行为的作用之下，在经济活动和技术活动中，真正高技术产业市场行为主体的功能就会被排斥和被压制，就会有"本末倒置"之嫌。因此，只有有限的政府才有可能成为有为的政府。其次，有效政府是高技术产业有为政府的充分条件之一。有限政府不一定必然是有效政府，但有效政府却一定是有限政府。因此，为了更好地促进高技术产业的发展，政府必须实现职能转换和创新，使过去的无限政府首先转变成一个有限政府，再在此基础上建立一个能推动高技术产业发展的有效政府，有效政府有力地推动高技术产业有为政府的产生。最后，有限政府和有为政府不一定必然是有效政府，但是，发展高技术产业的有效政府一定是有限且有为的政府。面对高技术产业发展中发达国家的竞争压力，对于大多数发展中国家而言，只有建立和完善"有为政府"，并在此基础上进一步建立和完善"有效政府"，才能在国际上获得竞争的平等参与权，真正建立起"后发优势"，并最终掌握竞争的决胜权。从这种意义上讲，"政府力量"也能改变世界经济特别是发展中国家高技术产业的发展状况。

当然，在发展高技术产业上还应注意避免出现一个认识上的误区，那就是过高地估计政府的作用，认为仅仅依靠政府动员资源和把握方向的能力，由处于垄断地位的国有企业按照规划的重点开发高技术，统筹人、财、物力资源，就能够保证高技术产业的高速发展的思想不仅是错误的，而且是有害的。诚然，从各国发展的历史来看，特别是从一些现代发达国家发展本国产业的经验来看，在后进国家赶超先进国家、实现工业化的过程中，政府的力量在加快资本原始积累、促进市场体制形成、保护本国新生产业等方面，的确发挥了很重大的作用。如在第二次世界大战后的亚洲，这种市场经济与强有力的政府干预相结合的模式（政府主导型的市场经济），曾经为亚太地区一些国家和地区经济的高速增长做出了突出的贡献，并因此而被有些经济学家称作"亚太模式"。日本政府通产省（MTII）在战后的机械工业振兴运动、电子工业振兴运动、大规模集成电路攻关等过程中强有力的领导和干预，极大地促进了日本电子工业的发展，被看成是"亚太模式"的成功范例。但是"成也萧何，败也萧何"。正是这种强有力的政府领导和干预使日本在上世纪 90 年代的数字技术发展中吃了大亏。通常情况下，在"赶超"时期，先行国家走过的道路是清楚的，后进国家的政府拥有相对充分的信息。在这样的条件下，政府如果能够恰当地发挥民间力量所不及的调动资源并按照指定方向加以运用的能力，成功的把握就比较大。然而当面对创新的课题，需要探索未知的时候，政府并不具有信息优势，它的反应能力、运作效率则肯定不如民间机构，而且政府过度干预和直接组织管理高技术的开发和生产，又会压制个人创造力的发挥，这就导致了上个世纪 90 年代日本与美国争夺信息产业霸权的竞争的失败[27]。

在发展高技术产业过程中，要科学、高效地实施政府行为，首先要明确政府的职能定位。只有在对政府职能明确地定位以后，才能明确政府在高技术产业发展中应该做什么、不应该做什么。国内外的许多政府管理高技术产业的成功与失败的经验教训都说明了这样一个道理，在市场经济条件下，政府行为既不能代替高技术产业企业去投入、去找项目、去融资、去干预市场，也不能把自己的意图强加给企业，更不能参与高技术产业的运作。科学地运用政府行为是要按照政府权能理论，在政府自身的职能范围内，集中力量在政策、机制、制度和基础服务等方面，努力做好导向、扶持、规划与服务工作。政府行为的作用，主要体现在制定政策、引导扶持、法律约束、规范组织与宏观调控，宣传与支撑服务等方面。

分析我国的高技术产业发展历程，不难发现，在我国高技术产业发展的各个阶段，都有政府的干预。从一定意义上来讲，我国的 53 个高技术开发区都是计划的结果。从历史上看，集中力量进行突破是包括我国在内的亚洲国家经济发展的成功经验。我国用优惠政策来推动高技术产业发展的一个实情是为了解决国家和地区所缺乏的科技资源要素，是为了打破原有管理边界，为高技术企业创造一个全新的生长空间。因为我国发展高技术产业的基础和环境尚不完善，利用政策来吸引高技术要素有一定的合理性。但是，我们不能因此就认为只要充分运用政府动员资源的能力，投入足够多的资金和人力，去开发和引进预定的各项高技术和建设起足够多的科研机关、大学和大型企业，再加上现代化的交通、通讯等基础设施，就足以推进高技术产业迅速发展[121]。发展高技术产业应当根据高技术产业发展的客观规律，合理地限定政府管理的作用领域，有针对性地采取相应措施，促进高技术产业的发展。

5.2.2　政府高技术产业管理创新的作用领域

政府的作用是要在一定的程度上纠正和弥补市场的失灵，但这并不意味着市场机制解决不了的所有问题政府都能解决得好，更不意味着应当由政府管理来代替市场机制。我们强调政府在高技术产业发展中的作用，但要看到政府政策的作用不能超过一定的限度。许多国际性机构和组织的研究表明，政府的干预既是必要的又是危险的。因为在市场经济条件下，政府高技术产业管理不可避免地会遇到"政府的干预"和"市场的作用"之间的矛盾。政府在高技术产业发展中的作用点应该是消除市场机制的失效点，以此来维持并促进市场机制的正常运行。政府要以发挥市场机制的作用为前提，凡是市场能做好的，政府不应做，也不要做；市场不能做好的，政府能做的要尽力做好，政府不能做的，要想办法通过其他途径予以解决。

为此，政府在高技术产业管理中发挥作用主要应体现在以下两个方面。

一方面，政府要做好宏观调控，为企业服好务。在高技术产业发展的过程中，企业是高技术产业发展的主体，是技术创新的主体，国家应当建设和完善国家创新体系，以此来支持高技术产业的发展，支持企业的技术创新活动。波特在《国家竞争优势》一书中指出，国家是公司发展的重要外部环境，可以加强或削弱公司的竞争力，政府可以采用不同的方式来影响创新过程。他认为政府的主要职责之一是要为国内的企业创造一个良好的创新环境。他提出了国家优势的四个条件，分别为生产要素条件、需求条件、相关的支持产业、企业的战略与竞争状况。这四个要素中每一个要素都可能受到政府的影响。首先，政府的补贴可能影响生产要素条件。政府可以影响资本市场和教育政策，从而对熟练劳动力的供给产生影响。目前，各国都在加强高级人才的培养，增加对科研机构资金的投入，积极促进人才的流动。韩国正在努力把高等科技学院建设成为世界一流的尖端的教育和研究机构。其次，政府可以通过政府采购行为对创新产品进行购买，从而影响需求条件。例如美国西部硅谷地区高技术产业群，之所以发展迅速并成为当今世界技术发展最活跃的地区，关键就在于美国联邦政府的采购政策[122]。再次，政府可以通过一系列的政策影响相关的辅助性产业的发展。如对广告媒体的控制或者对辅助性服务的管理等。最后，政府还可以通过资本市场的管理、反托拉斯法、税收政策等对公司的战略和竞争结构产生重大的影响。综上所述，政府的职责在于提供一种环境，这个环境激励企业改进和创新生产技术，进行高技术产品的开发，以获得最大的利润。

另一方面，政府必须要处理好自身与企业之间的关系。要坚持以企业为主体，不能代替企业发展高技术产业。政府应该通过合理的政策引导、有效调控、确立创新的激励机制，来充分发挥各方面的能动性。同时企业要遵守法律法规，在政府创造的良好环境中更好地开展高技术研发活动。

可见，政府与市场的作用职责是完全不同的。政府作用主要集中在培育有利于高技术产业发展的市场环境，限制企业滥用垄断能力的行为，维护公平竞争的市场秩序，对知识技术的溢出效应和技术研发的高风险进行适度补偿等方面。市场机制则是自发地反映着市场的需求结构与需求状况，明确高技术产业发展的领域与方向，指出如何把技术创新转化为现实的生产力和具体的商品[123]。在传统方面，政府对某些高技术领域的干预是适宜且有成效的。这些领域涉及政府的大型创新计划，例如美国的"星球大战"计划、欧洲的"尤里卡"计划和我国的

"863 计划"。政府大型计划的目的是为了带动整个国家高技术及其产业的蓬勃发展。但是，高技术产业的主体不是制订这些大型计划的政府，而是处于激烈市场竞争之中的企业。事实上，现在的"技术—经济"体系与以往的体系相比有了很大的不同：它的概念变得更加复杂；它与科学机构的联系变得更加紧密；生产变得更加分散；使用变得异常灵活；国际化的趋势日益迅猛；产业集群程度愈来愈高。在这种情况下，政府用大型计划的形式已经不能满足迅速发展的高技术产业的需要。为此，许多国家开始转向扶持中小企业的高技术研发活动，如美国的SBIR 计划（小企业创新研究计划）。实践证明，在将高技术带入生产部门并最终完成产业化方面，在通过各种网络构成产业集群方面，灵活的中小企业往往更具有竞争活力。政府高技术产业政策必须创造有利于它们生存和发展的环境与条件。政府对高技术创新的干预如果超出了"创新原则"，就会形成对市场竞争的破坏，产生不良的后果，在严重的情况下甚至妨碍中小企业的发展。因此，政府在高技术产业发展过程中如何找准自己的位置是一个非常重要且非常难以应对的问题。政府在高技术产业管理中稍有不慎，就很容易造成两种偏失：一种是政府的干预力度不够，因而缺乏高技术产业管理的实效；一种是政府的干预力度过大，因而造成对市场机制的破坏。为了避免这两种偏失，笔者认为在高技术产业发展中，政府发挥作用必须以遵从"创新原则"为限度。这些创新原则主要包括：一是最大限度地发挥企业家精神和企业家的首创作用；二是激活企业的竞争意识和创新意识；三是坚持以市场为导向，发挥中小企业的积极性和能动作用；四是因地制宜，发挥各地创新资源的优势，突出重点，引导高技术产业集群；五是以政府大型计划为核心，培育高度活跃的高技术扩散模式。

政府高技术产业政策的目的决定了它不能超出"创新原则"的限度发挥作用。这在理论上不难理解，但是要将其落实到实践中，则是极其困难的。国外这方面的实践已经为我们提供了一些很好的经验借鉴，它们比用严格的推论来制订政策更加具有政治信念和先驱色彩。例如，"大的是高效率的""分散是有益的""小的是好的""高技术就是高经济效益""地方是必要的", 等等。但是, 政府高技术产业管理绝不是记住几条原则和一些警言就能够做到的。它必须从本国国情出发, 针对本国高技术产业发展的实际情况, 才能起到政府政策的保障和推进作用[124]。

综上所述, 我们可以大致把政府行为的作用领域概括为以下两个层面。

第一, 在解决市场失灵层面, 政府行为的作用主要包括以下四个方面。一是要科学地解决高技术产业发展的公共物品和私有物品之间的内在矛盾。对于公共产品领域, 高技术产业发展对政府的需求主要表现为提供直接供给, 政府的作用主要是提供直接的资金资助; 对于混合产品性质的产品阶段, 高技术产业对政府的需求主要是提供产权保护, 因此政府的作用主要是提供有效的知识产权保护; 对于私有产品性质阶段, 高技术产业对政府的需求是创造外部环境, 使各高技术产业要素主体在公平的环境下开展竞争, 因此政府的作用主要是制定法律、反对不正当竞争、维护市场秩序, 在这一领域, 政府一般不直接介入微观的活动层次, 政府只以宏观的调控者的身份进行监督。二是要解决高技术产业发展中存在的市场外部正效应和负效应之间的矛盾。对于市场外部正效应的领域, 政府需求明显扩大, 但政府仍然要区分不同情况, 实行不同的行为方式, 对于能明确定义受益主体的准公共品领域的生产和供给, 政府的任务和作用领域主要是完善税收和政府补贴制度, 形成适度竞争的供给格局; 对于受益范围具有局限性特征的公共品, 需要以实施政府行为为主, 政府的作用领域就是采取直接投资和实行有效的政府采购制度等措施, 推动高技术产业的需求拉动。三是要解决高技术产业发展过程中的竞争与合作的矛盾。需要政府把自身的资源和大学、研究机构、企业等有机地结合起来, 从而有效地发挥政府的主导作用, 因此政府的作用领域就是建立合作机制, 推动支持高技术产业发展的多方合作与创新。四是要解决高技术产业发展的战略资源意义和高风险之间的矛盾。这就需要政府从社会整体利益出发, 进行一些基础设施投资; 同时要把政府投资和诱导民间企业投资有机地结合起来, 促进企业的高技术研发活动。因此, 政府的作用领域就是建立高技术研发的风险投资机制，整合各方资源，推动高技术产业发展。

　　第二，在解决政府失灵层面，政府的作用主要包括两个方面：一是要强调企业在高技术产业发展过程中的主体地位，克服政府过度干预或错误干预造成对高技术研发活动的扭曲。二是要为政府干预高技术研发活动提供行为准则和制度框架，即政府干预高技术研发活动不得违背高技术产业发展的一般规律，也不得超越或破坏对人类社会不构成任何危害的高技术的整体功能。

中国政府高技术产业管理创新

第6章 推进中国政府高技术产业管理创新的对策探究

　　纵观世界各国高技术及其产业发展的历程，我们不难发现，政府无一例外地都起着十分重要的作用。我国作为一个发展中国家，发展高技术产业起步较晚。在经济全球化的竞争中，我们要充分发挥后发优势，实行引进消化吸收国外先进技术与自主创新相结合，实现高技术产业的跨越式发展，在某些领域缩小与发达国家的差距，在某些领域接近、达到、甚至超过发达国家的水平。为此，政府要进一步明确定位，转变职能，充分、正确地发挥政府在高技术产业方面的领导、规划和协调作用，尽快形成与市场互补的政府高技术产业管理模式。

6.1 中国政府高技术产业管理现存的问题及其成因分析

　　我国政府自改革开放，特别是从20世纪90年代以来，积极采取措施大力发展我国高技术产业。如国务院组织实施了"863"计划和火炬计划，组织制定了一系列针对我国高技术产业发展的政策方针和法律规章，为推动我国高技术产业发展做出了积极的努力。目前，我国已经初步形成了具有一定特色和相当规模的中国高技术产业，并且其中的部分领域或产品已经在国际竞争中占有一席之地。尽管如此，我们仍应当清醒地看到，我国政府在发展高技术产业方面与发达国家相比依然存在一定的差距，在高技术产业管理体制、法律法规、政策导向、资源配置等方面还存在着一些亟待解决的问题。

6.1.1　旧管理体制的影响依然存在，政府管理错位现象时有发生

我国一些相关政府部门，对高技术产业的管理，仍未能摆脱以往高度集中型的行政管理体制和观念的影响，严格按行政隶属关系进行，重程序，轻服务；重指令，轻指导。对高技术及其产业的管理主要还是围绕着规划的编制、研发经费的核定与拨付、项目的管理以及成果的验收和鉴定等在高技术相关活动微观领域内进行。这样，一方面，因政府对高技术产业的行政约束过多，使研发单位丧失高技术研发活动的自主性；另一方面，因高技术领域的科学决策经常由政府的行政干预所代替，极易造成对高技术产业管理的失误。并且，目前我国技术行政管理部门在职能上仍然存在许多重叠现象，在工作关系上多表现为条块分割，难以对高技术产业形成统一的领导与控制，发展高技术产业的有限资源得不到优化配置。此外，我国许多高技术研发单位（科研机构、高校或企业）往往从属于一个或多个主管部门或行政机关，从项目的申请到评审、验收以至于鉴定、评奖等技术活动的全过程，均需要经过若干个主管部门或机关的批准或"协调"管理。以生物技术产业为例，生物技术产业涵盖的产业领域比较广泛，包括化学、中医中药、生物制药、生物农业、生物工业及生物安全等，涉及的产业发展的主管部门较多，包括国家发改委、科技部、卫生部、农业部、国家药监局、国家工商局等 15 个部门，致使在管理体制上形成多头管理的格局，相互之间缺乏高效协调和沟通。这种管理层次的多元化加之各层次之间缺少必要的协调、沟通和明晰的职能分工，必然导致政出多门、职责不清的现象，各部门均从自己的管理职能出发来制定相关政策法规，有的还会出现相互冲突、相互矛盾的地方。这种体制性制约，不仅极易造成管理效率低下，有限的资金和资源被分散、分割的后果，而且还会使基层高技术研发单位应接不暇，无所适从，造成技术行政控制的失效，并严重地影响我国高技术产业的进一步发展。

旧的管理体制对高技术产业管理的影响还体现在我国高技术产业管理部门对自身职能定位的偏差。许多不该由政府管的事务被政府包揽起来，而许多应该由政府管的事务却没有被政

府管起来或没有很好地管起来，这必然导致政府规制失灵现象的发生。

在微观方面，市场经济的本质是使微观经济个体成为自主决策的市场主体，发挥市场在资源配置中的基础作用，而这就要求政府尽可能不直接参与微观经济事务。而我国政府在相当程度上对高技术产业履行的是一种"积极规制"的职能，即政府通过行政指令和计划控制的方式，规定高技术研发单位应该干什么和应该怎么干，直接插手高技术产业微观活动。这种政府既当裁判员又当运动员的"积极规制"的管理方式，不仅严重地窒息了企业活力，压抑了企业创新，而且将政府的大部分精力牵扯到微观的日常事务管理当中，对宏观经济调控则无暇顾及，造成政府"不该管的管得过多，该管的又管不好"。

在宏观方面，我国政府采取了一系列调控政策，如制定了许多科技发展规划、对高技术产业给予许多优惠政策等。但是，从总体上看，我国政府对高技术产业的调控政策比较分散，没有形成合力，从而大大地影响了政府宏观调控的力度和效果。这突出表现在以下几个方面：一是政府对高技术产业的组织领导比较分散，缺乏统一的高技术产业发展战略规划，以至出现了比较严重的高技术产业趋同现象。二是政府对高技术产业发展的基础设施及制度供给不足。三是政府对高技术产业的调控政策散布于不同的地方和部门颁布的各种行政性法规中，政策随意性较大，影响到政策的稳定性和一致性[125]。

6.1.2 相关政策不完善，高技术产业竞争力不强

纵观我国目前有关高技术产业的政策，主要存在以下几方面问题。

一是政策重点不突出。在有的政府高技术产业管理部门中，特别是在一些地方政府及相关部门中对高技术产业政策的作用的理解存在误区，以为只要投入足够的人力、财力和物力就能够保证高技术产业得以快速发展。于是，受这种错误思想的影响，这些政府管理部门不是根据当地的高技术产业发展实际特点，也不是根据高技术发展的内在规律，而是刻意地追求面面俱到，制定出台了一些涉及面极其宽泛的高技术产业政策。这

些政策重点不突出，针对性不强，自然无法推动高技术产业取得实质性的进步。

二是政策适用对象不科学。我国以往高技术产业的优惠政策的适用对象主要是国家认定的高新区内的高技术企业，后来扩大到高新区外经国家认定的高技术企业。但事实上，高技术企业从事的项目并不都是高技术的研究与开发，也不是高技术成果的开发和转化，非高技术企业从事的项目也并不一定都与高技术无关。

三是政策协调性不强。就我国的政策制定现状来看，有关高技术产业的政策协调性依然不足。首先，扶持政策的类型单一，一般都集中在税收、进出口、土地等方面，缺乏对高技术产业的全方位支持以及政策的结构配套。其次，优惠政策内容单调，如企业所得税优惠，基本局限于税率优惠和定额减免这两个手段，其他涉及较少。再次，高技术产业政策与相关科研政策、收入分配政策、社会保障政策等之间互不配套。高技术产业政策散布于各地方、各部门颁布的各种行政性法规中，政策随意性较大，不能形成政策聚焦和合力。各地出于招商引资的目的，又纷纷进行"政策竞赛"，使政府对高技术产业的优惠政策趋于普惠化和软化，失去了其应有的吸引力[29]。

四是政策导向性较弱。我国目前有关高技术产业发展的政策对高技术产业发展的导向功能很难尽快地将优势资源吸引到高技术产业来[126]。如我国目前对高技术企业的优惠政策要弱于外商投资企业的优惠政策，《国家高新技术开发区税收政策的规定》规定在高新区内新成立的高技术企业（也包括在高新区内成立的其他企业），经企业申请，税收机关批准，从投产年度起，两年内免征所得税。而在经济技术开发区内投资的外资企业（按现在的情况看，这些企业大多是劳动密集型企业），则是从获利之年起两年内免征所得税。这一政策至少不会使外商对在我国投资高技术产业感多大兴趣。另外，我国目前有关高技术产业发展的一些优惠政策，大多是受限于高新区内的企业，这种区域限制在初期是必要的，而且也确实有力地推动了高新区内高技术产业的发展。但是目前高新区外的高技术产业的发展也是十分迅速的，因此，这种局限于特定区域内的厚此薄彼的优惠政策就显得有所不足，不利于我国整个高技术产业的发展和国际竞争力的提高。

从高技术产品角度来看，尽管我国进出口贸易总额在逐年增加，出口产品结构中工业制成品出口额占的比重在逐年上升，但是出口额中高技术产品比重较低，且出口的高技术产品仍以进料加工及来料加工装配的产品为主。高技术产品市场已成为世界各国的争夺目标，我国的民族工业，特别是幼稚的民族高技术产业面临着日益严峻的挑战。此外，我国高技术产业的多数企业与发达国家同类企业相比规模较小，高技术产品发展仍处于较低水平，在主导产业发展的战略技术方面和在引领市场潮流的产品创新方面，我国高技术产业同样缺乏优势，导致我国高技术产业的国际竞争力不强。

6.1.3 相关法律法规不健全，无法可依、有法不依现象依然存在

与高技术产业相关的法律法规不健全主要表现在以下两个方面：一是相关法律法规内容不完善；二是虽然有法律、法规的条文规定，但执法者执法不力。

首先，我国高技术产业相关的立法滞后问题依然存在。目前，我国有关高技术（产业）管理方面的法律与法规的制定总是滞后于高技术（产业）的发展，传统的法律内容中有许多不适应高技术（产业）发展需要的法律、法规。正如理查德·A·斯皮内洛（Richard.A.Spinello）所说的"法律在本质上是反应性的。法律和法规很少能预见问题或可能的不平等，而且对已经出现的问题作出反应，通常反应的方式又是极其缓慢的[127]。"以我国的互联网技术为例，它诞生于 1987 年，而我国第一部关于互联网安全的法规《中华人民共和国计算机信息系统安全保护条例》是在 1994 年才制定的。2002 年 9 月国务院 363 号令《互联网上网服务营业场所管理条例》是一部关于上网服务提供者和上网消费者的行政法规，这部法规颁布时，在网吧之类的上网服务营业场所发生的危害互联网安全的事件已经引起了极大的破坏。另一方面，表现为被禁止的违法行为不全。现有的法律与法规条文或者没有涵盖各类高技术及其活动的全过程，或者在具体的处置细节方面，没有明确的规定，在政府高技术

产业管理领域，无法可依现象仍然存在。仍以互联网技术为例，到目前为止，我国制定的一部互联网法律和六部互联网行政法规，除了对经济处罚有详细、明确的规定外，没有明确规定刑事责任，在刑事责任上大都是"依照有关法律、行政法规的规定予以处罚。"

其次，在政府高技术产业管理过程中，执法不到位的现象时有发生。有的法律法规虽然对于高技术产业及其行为主体的行为过程有明确的规定，但是行政执法部门因为各种原因造成的执法不到位的现象，使得这些法律法规的执行效果大打折扣。在对高技术产业领域产生的违法行为的打击力度方面，目前，我国虽然对于构成技术违法事实的处罚已有了明确的规定，也要求构成违法行为的主体承担相应的法律责任，但是从总体上来看，我国对这些违法行为的打击力度还是很不够的，多数规定都是以罚款为主，以刑事处罚为辅。这便在相当程度上降低了法律法规对技术特别是对高技术领域内违法行为的震慑力。

6.1.4　资源配置不到位，高技术产业发展后劲不足

第一，高技术产业发展的投融资体系不健全。健全有效的促进高技术产业发展的投融资体系是财政性投资以及银行体系、证券市场体系和创业资本市场体系协调发展的金融体系。我国经过几十年的积极努力，已经形成了以银行为主的金融体系，并参照其他国家，特别是发达国家的成功经验，积极探索建立适合中国特色的、尽可能兼顾效率与公平的证券市场和创业资本市场。当然，这种探索还只是刚刚开始，我国证券市场和创业资本市场还处于起步期，发展还很不成熟。高技术产业债权融资渠道狭小、资金来源单一，缺乏高技术产业投资尤其是创业投资专业人才和相应中介机构，法律制度和外部环境不健全，对高技术产业获取债权融资的优惠政策和保障措施不力，以及退出渠道阻塞等方面问题，都极大地影响了高技术产业的发展。

第二，政府定位不准，政府管理的"越位"和"缺位"现象为高技术产业的进一步发展造成了障碍。政府定位不准，既存在参与过度问题，也存在参与不足问题，也就是我们通常所说的政府管理的"越位"和"缺位"现象同时存在。首先，政

府过多地取代市场直接参与高技术产业创业投资，并担当创业投资主体的角色，虽然能在短期内刺激高技术产业的发展，但从长远看会抑制其他市场投资主体的发育成长和民间投资的发展，不利于形成以市场力量为主体的创业投资体系。其次，目前我国政府虽然对创业投资参与较多，但在引导、扶持创业投资发展，特别是在引导、扶持民间创业投资方面以及弥补市场不足方面却存在着参与不足的问题，以致在应该由政府投资的公共服务领域出现了不必要的市场性融资倾向。这显然是不利于高技术产业的长远发展的。

第三，高技术产业发展的基础设施配套条件差。我国在高技术产业发展的基础设施配套中存在着重硬件、轻软件的倾向。在支持高技术产业发展的基础设施建设上，政府对硬件基础设施如道路、水、电、通讯等基础设施建设较为重视。但是对软设施和软环境如高新区的生态环境建设、环境保护，能够吸引高级专门人才到高新区内进行创业或工作的高质量生活环境和文化氛围的营造，为高技术产业发展提供支撑服务作用的支撑服务体系如技术咨询机构、教育培训机构、信息服务机构等方面的建设以及对于发展这些服务体系的引导重视不够。

6.1.5 高技术产业发展人力资源不足

我国高技术产业发展人力资源不足的问题主要体现在以下两个方面：一是在高技术产业中，专业性投资人才即创业投资家的缺乏，二是在政府管理部门中，高技术产业管理人员整体素质有待提高。

首先，由于我国的高技术产业绝大多数拥有政府背景，又缺少投资人与经理人分开的管理机制。许多高技术产业经理人的工作经验和专业素质达不到国际规范运作的标准。此外，国内现行的人才体制和户籍制度在一定程度上限制了技术人才的自由流动，也使与高技术产业相关的创业投资和创业活动受到一定的限制。

其次，在政府高技术产业管理部门中，尚存在着一定数量的管理人员缺少现代科学技术专业知识，特别是缺少对高技术产业发展的一般规律的研究和认识，存在"外行领导内行"的情况；另一方面，在这些政府管理部门中，近年来，许多原先从事一线高技术研发工作的技术专家或工程师被提拔到领导队伍中来，管理高技术产业及其领域内相关事务，这些技术专家或工程师掌握大量的高技术专业知识，从事高技术产业方面的领导和管理工作有许多有利因素，但对高技术产业进行管理不同于从事高技术研发工作，有些技术专家或工程师缺乏一定的管理经验，对管理工作的内在规律了解较少，虽为高技术研发领域的内行，但对高技术产业进行有效的管理则显得能力不足。

产生上述问题的原因是多方面的。受原有经济管理体制以及高技术产业管理过程中的路径依赖等因素的影响，我国政府高技术产业管理创新观念不足；由于我国高技术产业发展的历程不长，政府对于高技术产业发展的规律特别是高技术产业发展的周期性认识不足，没有形成针对处于发展不同阶段的高技术产业特点及需求的政府动态管理职能体系。因此，为解决中国政府高技术产业管理中存在的诸多问题，最根本的出路在于推进政府高技术产业管理创新。政府应当通过管理理念创新、管理体系创新、管理手段创新以及提高高技术产业管理人员素质等措施，提高政府高技术产业管理竞争力，进而提高我国高技术产业国际竞争力，为实现"十一五"规划目标和全面建设小康社会做出突出的贡献。

6.2　国外政府高技术产业管理的经验

冷战结束后，世界各国科技发展的战略重点从争夺军事上的高技术优势转向重视为经济服务的高技术创新，各国采取了以促进国家经济发展为目的、以市场运行机制为基础、以政府合理干预为手段的宏观调控，促进了高技术产业的迅速发展。

6.2.1　立足长远，注重制定高技术产业规划

由于高技术产业具有风险性、长期性及战略性等特点，许多国家通过制定规划来推动高技术产业的发展，尤其是 20 世纪末期发达国家迈入知识经济社会以来，制定高技术产业规划已逐步形成了持续滚动的态势，日益成为各国政府的主要职责。

　　总体来看，各国的高技术产业规划可以分为两种类型：一种是综合性的高技术产业宏观规划，这一规划往往包含在国家科学技术总体规划之中。如俄罗斯的"俄罗斯联邦 2010 年前和未来国家科技发展基本政策"、欧盟的"2002—2006 年科技发展计划"（第 6 个科技发展计划）、日本的"国家第二个科学技术基本计划（2001—2005 年）"、捷克的"国家科技政策 2004—2008"、新加坡的"第 3 个国家科研计划（2001—2005 年）"、菲律宾的"国家科技规划（2002—2020 年）"、巴西科技部制定的"科技发展战略计划"、泰国政府 2004 年制定的"国家科技发展十年战略规划"等（详见表 6.1）。这些规划从提高国家的总体科技实力出发，提出高技术及其产业发展的总体目标及一整套政策措施；另一种是专业性的高技术产业微观规划。如美国的"国家纳米计划"（NNI）和"网络与信息技术研发计划"（NITRD）、欧盟的"欧盟 1998—2002 年能源框架计划"、德国的"纳米技术征服市场计划（2004—2007 年）"和"微系统技术计划（2004—2009 年）"、芬兰的"核聚变计划（2003—2006年）"、"纳米技术计划（2005—2010 年）"、印度软件业发展的"知识行动人才培养计划"等（详见表 6.2）。这种计划针对高技术产业的某一具体领域进行规划，制定发展的战略目标及措施。无论是何种类型的高技术产业规划，都能够明确产业发展方向、规模和目标，促进高技术产业发展，因而日益成为各国统筹高技术产业发展的有效手段。

表 6.1　　　　　国外政府制定的综合性高技术产业宏观规划

国　家	综合性的高技术产业宏观规划
俄罗斯	俄罗斯联邦 2010 年前和未来国家科技发展基本政策
欧　盟	2002—2006 年科技发展计划（第 6 个科技发展计划）
日　本	国家第二个科学技术基本计划（2001—2005 年）
捷　克	国家科技政策 2004—2008
新加坡	第 3 个国家科研计划（2001—2005 年）
菲律宾	国家科技规划（2002—2020 年）
巴　西	科技发展战略计划
泰　国	国家科技发展十年战略规划（2004 年）

资料来源：中华人民共和国科学技术部《国际科学技术发展报告 2005》

表6.2 国外政府制定的专业性高技术产业微观规划

国家	专业性的高技术产业微观规划
美国	国家纳米计划（NNI）
	网络与信息技术研发计划（NITRD）
欧盟	欧盟1998—2002年能源框架计划
德国	纳米技术征服市场计划（2004—2007年）
	微系统技术计划（2004—2009年）
芬兰	核聚变计划（2003—2006年）
	纳米技术计划（2005—2010年）
印度	知识行动人才培养计划（软件业）

资料来源：中华人民共和国科学技术部《国际科学技术发展报告2005》

6.2.2 广辟渠道，建立多元的科技投入机制

国外高技术产业发展的资金主要来自于三个方面：一是来自于政府财政投入。20世纪90年代以来，许多国家加大了对高技术研发领域的财政投入。2008年，美国研发支出总额为3980.86亿美元，占当年GDP的比重为2.76%；日本研发支出总额为1507.85亿美元，占GDP的比重为3.44%；德国研发支出总额841.65亿美元，占GDP的比重为2.53%；中国研发支出总额为664.64亿美元，占GDP的比重为1.54%；法国研发支出总额为576.38亿美元，占DGP的比重为2.02%；以色列研发支出总额为98.31亿美元，占GDP的比重为4.86%；瑞典研发支出总额为179.95亿美元，占GDP的比重为3.75%；芬兰研发支出总额为94.24亿美元，占GDP比重为3.50%；具体情况详见图6.1和图6.2。二是企业自身的研发投入。许多国家政府通过制定相关法律法规以及税收优惠政策等，鼓励企业多渠道增加研发投入。美国在《经济复兴税法》中规定：企业可以将研究开发支出直接作为可扣除费用予以抵扣，当年研究开发支出超过前3年平均值的，对其增加部分予以25%的税收抵免等。日本政府于1967年出台了《增加试验研究费税额扣除制度》。该制度规定，当试验研究开发经费的增加部分超过过去的最高水平，则对增加部分免征20%的税金。三是风险投资资金。许多国家政府通过完善和规范市场，为中小型高技术企业提供市场融资条件；通过完善中介服务，动员大量社会资金投入高技术产业领域。2000年OECD国家仅种子资本、启动资本和发

展资本投入就高达 170 亿美元。美国百家以上的银行都成立有风险投资公司，州政府也成立有半官方性质的风险投资公司，风险资本对高技术产业的投入是欧洲的 3 倍。自 20 世纪 80 年代以来，美国有 90% 的高技术企业是利用风险投资发展起来的，例如英特尔、雅虎等[128]。

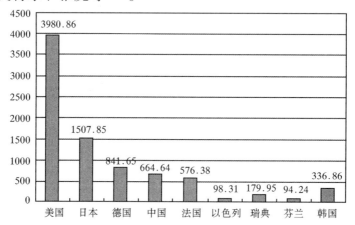

图 6.1　部分国家研发支出总额（单位：亿美元）

资料来源：中华人民共和国科学技术部《国际科学技术发展报告 2011》

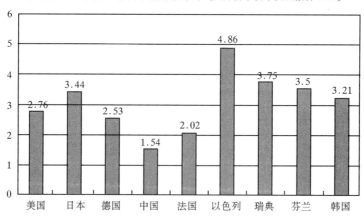

图 6.2　部分国家研发支出总额占 GDP 比重（百分比）

资料来源：中华人民共和国科学技术部《国际科学技术发展报告 2011》

6.2.3　增投减税，注意提高企业创新能力

为提高企业创新能力，美国政府对企业 R&D 投资给予永久性税额减免的优惠待遇，并将小型企业的先进技术长期投资收益税降低 50%[129]。英国贸工部在 2003 年《在全球经济下竞争：创新挑战》的政府报告中指出，政府将投资 1.5 亿英镑用于提高英国的创新能力。2004 年底，在贸工部发布的关于《用知识创造财富》的五年计划中指出，到 2008 年，贸工部将从掌握的 56.6 亿英镑经费中拿出 33.6 亿英镑用于科技创新。加拿大工业部于 2002 年提出了加拿大的创新战略，并设立创新基金用以加强高等院校、研究型医院以及其他非营利机构开展世界级高技术研究与开发活动。截止到 2004 年 6 月，创新基金已累计投资 27.4 亿加元，支持 3461 项研究基础设施建设。韩国计划通过改革技术研发体制和模式，到 2008 年把制造业创新企业所占的比例由目前的 40% 提高到 50%；到 2012 年建立 10 所具有世界水平的以研究为主的大学，作为未来核心技术的研发基地。新加坡国家科技局设立了总额为 20 亿新元的基金，用于资助国家研究机构和大学围绕优先发展的 9 个高技术领域进行研究，以及相关的人才培训和科研基础设施建设，并制订一批专门计划为企业的技术创新活动提供资金。2004 年 12 月，巴西制定了《创新法》，鼓励产学研有机结合，培育和提高企业的竞争能力和自主创新能力。2004 年，印尼研究部制定了《国家创新体系建设行动纲领》，旨在加强官产学研的结合，促进包括高技术企业在内的高技术创新和研发活动。

6.2.4　强化教育，着力培养高技术人才

高技术产业的竞争归根结蒂是人才的竞争，世界各国政府为了推进高技术产业的发展，制定和实施了一系列促进高技术人才培养与开发的政策措施。美国政府持续增加教育经费投入，加大对高技术人才的培养力度，通过设立"沃特曼奖""总统青年探索者奖""工程创造奖"等奖项，鼓励青年科技人员在学科前沿积极探索，为高技术研发做出贡献[130]；日本科技厅设立了针对 35 岁以下的科技人员的"基础科学特别研究员制度"和

"科技特别研究员制"，科研人员经批准的自选课题可以获得资助，并以合同的形式进行自由研究。英国通过改革大学资助体系、设立功劳奖、强化工业培训等措施加强高技术人才的培养。德国政府通过财政支持，缩短大学、研究生学制，促进理论学习与实践研究工作的结合，并制定了"海森堡计划""墨斯计划"，为从事有限合作研究的 37 岁以下青年提供经费支持。为鼓励人才向中小型企业流动，英国对小公司的雇员实行持股的激励政策，规定小型高风险公司可向十个主要雇员提供价值达10 万英镑的股票税前买卖特权，在行使股票选择权交易时，不按照收入税课税，而按照资本收益税纳税[131]。比利时政府通过提供贷款、筹建实验室等手段，鼓励在国外深造的比利时学者回国创业，各接收单位也对这部分科研人员实施特殊的优惠政策。

6.2.5 穿针引线，积极推动国际科技合作

高技术产业的发展是与经济全球化趋势相结合的，随着科学技术、特别是信息技术和通信技术的发展和国际社会的不断变革，许多国家政府都深入开展高技术领域的国际交流与合作，以实现各自的技术跨越。美国国会技术评价办公室在最近的一份报告中指出，要想继续保持美国在科技上的领先地位，必须加强美国同其他国家之间的合作，尤其是加强在大型高技术项目方面的国际合作。日本政府为科技界提供便利条件和财力支持，积极推动国际科技合作，例如为天文学合作计划（ARUMA）、推进国际热核聚变反应堆计划（ITER）分别提供10 亿日元和 27 亿日元的资金资助。为跟踪和利用其他国家的科技资源，日本设立了大量的跨国研究开发机构，日本公司已在美国设立了 224 个研究开发机构。在这方面，日本已超过任何其他国家。加拿大设有国际合作风险基金、国际参与基金和国际机遇基金发展国际科技合作，其中国际合作风险基金、国际参与基金的年度预算均为 1 亿加元。德国十分重视高技术领域的国际合作，一方面在多边合作框架内积极参与，如伽利略计划和国际热核聚变反应堆计划（ITER）；另一方面，在本国主持的科技项目中，积极向国际开放，如自由电子激光同步加速

器（XFEL）和离子与反质子加速器（FAIR）计划等。

6.3　国外政府高技术产业管理经验对我国的启示

6.3.1　注重高技术产业规划的战略性与具体性相结合

国外的高技术产业宏观规划与微观规划是相辅相成的，前者指导后者，后者是前者的具体体现。我国的高技术产业规划应逐步形成两者有机结合的体系。一方面国家需要制定带有战略性、长期性的、服务于国家长期发展战略需要的综合性高技术产业宏观规划，如我国的"863"计划和火炬计划。另一方面国家也需要结合实际制定一系列具体领域的高技术产业微观规划，如信息产业、医药产业、生物产业、通讯产业等规划，以促进各个领域高技术产业的发展。

6.3.2　建立多元化、多渠道的高技术产业投入体系

资金投入不足已严重地制约了我国高技术产业的发展。根据瑞士洛桑国际管理发展学院发表的 2004 年度《国际竞争力报告》，我国 R&D 投入占 GDP 的比重虽然已由 2000 年的 1% 上升到了 2001 年的 1.09%、2002 年的 1.23%。但无论是绝对量还是相对量都不高，总量约为美国的 5.67%，人均支出仅为美国的 1.2%，为日本的 1.1%，我国企业的 R&D 支出水平也与全国 R&D 支出水平的国际地位相当。因此，当前必须抓紧建立以政府投入为引导、企业投入为主体、广泛吸引社会集资和外资的全社会高技术产业投入体系，为高技术产业的发展提供资金保障。

6.3.3　确立企业技术创新主体地位，提高企业技术创新能力

改革开放以来，我国高技术企业的发展规模和创新能力取得了长足的进步，但从总体上看，自主创新能力还不强，多数企业尚未形成自己的核心技术能力，技术创新的组织机制也不完善。据统计，我国 2 万多家大中型企业中有研发机构的仅占 25%，有研发活动的仅占 30%。高技术企业的研发经费只占销

售额的 0.6%，尚不足发达国家的 1/10[132]。因此，确立企业的技术创新主体地位，增强其创新能力，是促进我国高技术产业发展的一项重要而紧迫的任务。

当前，我国应当加快完善统一、开放、竞争、有序的市场经济环境，加快建立现代企业制度。通过市场竞争的激励和国家宏观政策的引导，使高技术企业牢固树立凭借技术创新增强竞争力的意识，增加技术研发投入，推动高技术企业特别是大企业建立技术研发机构。鼓励高技术企业与高等院校、科研机构建立各类技术创新联合组织。建立健全知识产权激励机制和知识产权交易制度，加快建设高技术产权交易市场，完善高技术转移机制，促进企业的技术集成与应用。此外，为促进与国家利益有重大关系的产业技术进步，在国家采购制度中应增加对技术创新的引导，激励企业投资和实现产业化的积极性。

6.3.4　积极培养开发高技术研发人才及管理人才

我国高技术产业的发展需要大批既懂科技、又懂经营管理的复合型人才和具有较高创新能力的学科带头人。当前应从完善人才培养机制和营造人才成长环境入手，加快人才培养。首先，完善人才培养机制。政府应当加快调整有关学科和专业结构，建立与人才需求结构相适应的育才机制；创新人才培养模式，让相关学科的研究生教育走出学校，参与产业发展实践，提高其适应性；加快建设若干所世界一流大学、一批高水平大学与重点学科，充分发挥高校作为高技术人才培养基地的作用；充分利用境外的高等教育资源，选拔高技术产业内部学习能力较强、具有创新精神和发展潜力的人员出境参加针对性较强的培训，尽快与国际先进水平接轨。其次，营造人才成长环境。政府应在税收、创业投资、人才交流等方面为高技术人才提供良好的发展条件。注重发挥市场机制对人力资源的调节作用，切实落实技术、知识、管理作为生产要素参与分配等政策，调动企业家和科技人员的积极性。

6.3.5　促进国际科技合作发展

从国外的经验来看，健全的政策法规体系和政府充足的资金投入，是促进国际科技合作发展的重要保障。目前，我国政府应当制定明确可行的国际科技合作战略，在学科政策、国别政策及合作主体等方面根据国际科技发展趋势和国家发展需要确立合作重点和优先顺序。其次，政府应当完善法律和政策体系，根据高技术产业自身及国际合作的发展变化，不断调整和完善相关政策法规。第三，政府应当增加国际合作交流的经费投入。应当在保证政府资金投入的同时，制定优惠政策和鼓励措施，激励企业、社会团体等为高技术领域的国际合作与交流投资，形成以中央政府为核心、地方政府为支撑、企业和社会团体为辅助的投资体系，保证国际科技合作的顺利开展。

6.4　推进中国政府高技术产业管理创新的对策分析

6.4.1　政府高技术产业管理理念创新

政府理念是政府领导者分析问题的一种世界观和信守原则，政府高技术产业管理理念，是指行政人员在长期的高技术产业管理过程中积淀而形成的一种关于管理的意识和观念。理念创新为政府高技术产业管理提供了正确的价值导向和巨大的创新动力。管理理念的合理调整和重构是推动政府高技术产业管理创新的基础，只有全面创新管理理念，才有可能为实现中国政府高技术产业管理体制、管理行为、管理方法和管理技术等方面的创新。如果不首先进行管理理念的优化和重塑，政府职能和管理方式就难以真正转变，政府高技术产业管理创新就难以成功。

6.4.1.1　树立高技术产业管理创新意识

树立高技术产业管理创新意识是实现高技术产业管理创新的先决条件。政府高技术产业管理部门及其管理人员只有具有足够的创新精神和丰富的想象，才能识别高技术领域内的各种研发与创新工作，从而对有价值和有发展前景的研究项目给予相应支持，实现政府对高技术产业的高效管理。因此，各级、各类政府高技术产业管理部门要通过培训或下达行政命令的途径，使高技术产业管理人员牢固树立创新意识，以观念创新带动管理创新，在学习现代科技管理知识、熟悉高技术产业管理的各个环节、掌握科学方法的基础上，遵循高技术产业发展的一般规律，预测高技术产业发展的趋势与社会进步的需要，不断提出新设想，不断提升高技术产业管理创新意识。

6.4.1.2　树立服务意识

根据供应学派的观点，市场和企业是经济结构调整的主力军，政府的主要任务就是创造有利于市场、企业、个人多做事的机制。因此，在高技术产业的发展中，经济活动的主体是企业，政府只是为企业创新提供各种条件和服务。面对日新月异的高技术及其领域内事务的日益复杂化趋势，政府应进一步树立现代服务型高技术行政管理的观念，寓管理于服务之中，着重宏观控制，逐步从那些有市场需求、投资小且收益率较大的高技术微观领域内淡出。通过培育社会中介机构、基金组织，有效地利用市场对高技术企业技术创新的拉动作用，变直接行政干预为间接行政管理，变单一的指令性行政管理为指令与指导相结合的行政管理。同时，疏通各种信息渠道，通过多种方式和途径，为科学技术发展提供包括政策保障在内的各种支持与服务。

6.4.1.3　树立有限政府意识

政府在高技术产业发展中的重要作用常常使人们高估政府的地位和作用，事实上，政府真正应当发挥作用且能够有效发挥作用的领域是市场失灵的领域。因此，政府在高技术产业管理过程中，要克服"全能"意识，树立"有限"意识，要更多地强调为高技术产业提供公共服务，满足社会的公共需要，强调政府在高技术产业管理中要做到有所为有所不为。政府应主要通过政策服务等手段对高技术产业进行间接调节，简化行政审批，强化宏观管理职能，弱化微观管理职能，将该由社会组织行使的职能转交给社会组织，使市场和政府各自处在一个适当的位置。

6.4.1.4 树立国际合作意识

中国在发展高技术产业的过程中，一方面要善于利用自身优势在全球高技术产业的框架中占据有利位置。另一方面，还要积极参与国际技术交流与合作，紧紧抓住全球化的机遇，充分利用两种资源、两个市场，在更高层次上融入国际分工和合作体系。因此，政府在高技术产业管理过程中，要牢固树立国际合作意识，创造良好的政策环境，大规模承接和吸纳国际高技术制造业和研发中心转移。在高技术产业领域采取积极措施，广泛利用全球华人的资本、技术与市场资源，增强获取技术的能力，拓宽投资渠道。继续加大力度鼓励和支持有条件的高技术企业到海外创业投资，兴办研究开发机构，购并国外高技术企业，有效利用国际资源，积极支持高技术企业参与国际重大前沿技术的研究与开发，加大对参与国际标准制定的支持力度[133]。

6.4.2 政府高技术产业管理体系创新

6.4.2.1 建立中央政府、地方政府、高技术产业开发区管委会有效互动的管理体系

首先，国家要加强战略层面的协调，成立由国家主要领导担任负责人的高技术产业发展领导小组。负责宏观协调和统筹集成，妥善处理好国家宏观协调与各部门自主行为之间的关系，打破条块分割、相互封闭的格局。从宏观层面对高技术产业发展进行统一布置和规划，加强各方面力量的协调集成，全面整合国家科技资源，形成全社会协调一致和分工合作的良性机制。站在顶层设计的高度，改革国家科技管理体系，制定国家中长期科学和技术发展规划，颁布指导高技术产业发展及管理的有关法律法规。

其次，各级政府，特别是各级科技部门要加强政策支持，营造良好的创新创业环境。加强对创新链薄弱环节的战略研究，明确国家高新区是我国区域创新体系的核心，同时也是国家创新体系的重要组成部分。明确高技术创业服务中心是我国发展高技术产业最重要的产业化服务平台，是国家创新体系的重要

组成部分，在促进企业技术创新和高技术产业化中具有突出地位。明确高等院校、科研院所处于创新链的上游，是知识创新的源头。各级政府，特别是各级科技部门要大力支持高技术产业开发区和高技术创业服务中心工作，将不断提高企业技术创新能力，促进企业成为技术创新主体作为工作的宗旨和切入点。逐步转变管理的战略思路，实现从要素驱动向创新驱动转变，从以跟踪模仿为主向以自主创新为主的转变，从注重单项技术突破向注重集成创新的转变。坚持技术创新和体制创新并重的原则，将优化创新创业环境、完善区域创新体系作为工作的核心。

最后，各级高技术产业开发区要将营造创新创业环境、增强企业技术创新能力作为"二次创业"的战略核心。营造局部优化的创新创业环境，是推进各级高新区技术创新、实现"二次创业"的重要保证。在"二次创业"阶段，各级高新区必须在已有的基础上，努力创建"三优"环境：一是营造优越的创业环境；二是创建优化的发展环境；三是完善优质的服务环境。由于高技术创业服务中心在技术创新链中处于研发和产业化中间的关键环节，是创新成果的重要孵化载体，是连接知识创新源头和高技术产业的重要社会经济组织，也是国家创新体系的重要组成部分。因此，各级高新区要把高技术创业服务中心工作作为营造创新创业环境的最重要的措施和手段。

6.4.2.2　建设国家技术创新体系

我国《国家中长期科学和技术发展规划纲要（2006—2020年)》指出，"当前，要以建立企业为主体、产学研结合的技术创新体系为突破口，深化科技体制改革，全面推进中国特色国家创新体系建设"。国家技术创新体系是国家层面上使技术长入社会经济发展的组织与制度安排，是高技术产业持续、快速发展的重要后盾。国家技术创新体系包括：引导层——以政府为核心的技术创新调控系统；核心层——以企业为主体，产学研相结合的技术生产应用系统；服务层——以科技中介机构为核心的技术创新服务系统。当前，政府应当完善激励技术创新的政策法规体系，促进技术创新活动规范开展，增强企业技术创新的动力和活力，使企业真正成为技术创新的主体，深化科技体制改革，加快科技中介服务机构建设，提高全民族科学文化素质，营造有利于技术创新的社会环境。通过建设国家技术创新体系，从整体上促进高技术产业的发展。

6.4.2.3 建设多元化的高技术投融资体系

首先，增加政府财政投入。要逐步提高 R&D 投入占 GDP 的比重，实现高技术产业领域政府资金的持续投入。同时，针对目前我国财政收入规模不大、高技术企业实力不强的现实，选择能最大限度促进我国经济发展的重点高技术产业集中投入，实现现有资源的有效配置。其次，通过税收优惠、补贴等手段，引导、激励企业增加科技投入。鼓励企业自建技术开发基金，并按企业投资额或销售额的一定比例计提，允许在计征所得税之前扣除，使企业降低开发技术的风险，增强企业技术创新的积极性。适当采取加速折旧、投资税收抵免、亏损结转、费用扣除、提取风险基金等间接优惠方式，鼓励企业资金更多用于科技投入和设备更新，加快高技术产业化进程。最后，大力发展风险投资，广泛吸引国内外资金投入。发展资本构成多元化的风险投资公司，以及相应的风险投资担保公司、科技银行等机构，规范风险投资企业产权制度，健全风险投资市场准入机制，建立和完善多层次资本市场体系，发展多种撤资渠道，建立国家指导、官民结合、中外结合的风险投资机制，为高技术产业的发展提供资金保障。

6.4.2.4 建设国家信用体系

现代市场经济是一种建立在稳定的信用关系之上的经济，目前我国失信现象的普遍存在，对高技术产业的发展形成了严重障碍[134]。政府应通过完善信用法律体系，提高司法效率，严格执法程序等加快信用法律建设；通过开展信用道德教育、信用法制教育及加强舆论监督等方法，在全社会树立起诚实守信的良好风尚；建设全社会共享的信用数据库网络，实现信用信息共享；选择若干具备条件并有一定基础的城市和地区进行社会信用体系建设试点，探索建立社会信用体系的有效途径与方法，为全国范围的工作提供经验。通过完善信用体系促进高技术产业健康发展。

6.4.3 政府高技术产业管理手段创新

6.4.3.1 注重高技术产业规划的战略性与具体性相结合

国外的高技术产业宏观规划与微观规划是相辅相成的，前者指导后者，后者是前者的具体体现。我国的高技术产业规划应逐步形成两者有机结合的体系。一方面国家需要制定带有战略性、长期性的，服务于国家长期发展战略需要的综合性高技术产业宏观规划，如我国的"863"计划和火炬计划。在当前高技术产业迅速发展的形势下，我国政府要在不断研究、预测未来高技术发展前景及高技术产业化趋势的基础上，根据国内外科技和经济条件的特点、发展变化趋势，不断调整高技术产业政策的侧重点，制定高技术产业发展规划，使之既符合国家战略，又向产业界指明了高技术产业化的方向、规模，避免盲目性和无政府状态。另一方面国家也需要结合实际制定一系列具体领域的高技术产业微观规划，如信息产业、医药产业、生物产业、通讯产业等规划，以促进各个领域高技术产业的发展。同时，一些产业及企业还应制定自身的高技术发展实施规划。各类高技术产业规划应目标明确、功能清晰、相互衔接、有机联系，形成具有可操作性的高技术产业规划体系，促进高技术产业发展以及国家整体经济实力的提高。

6.4.3.2 注重产业政策的合理性

在高技术产业管理过程中，我国政府应注意产业政策的合理性，并充分利用它对产业发展的宏观调控作用。在当前阶段，经济全球化的进程逐步加快，应根据国际市场需求，制定优先扶持、鼓励高技术产业发展的政策，以增强其在国际竞争中的能力。首先，注意研究制定相关配套措施，如财政税收、投资、金融等优惠政策的激励措施，产业技术保障提供和共性技术的开发实施措施，推动与国外的联合研究开发工作，等等；其次，在高技术项目的组织筹划方面，积极支持跨部门、跨地区的优势组合，促进技术、资金、人才等资源的流动，支持重点建设项目向高技术产业基地聚集；第三，产业政策应该重视与加强高技术产业的各种服务工作的落实到位，应加快加强服务信息的收集加工，形成顺畅的信息传递和互动渠道[135]；第四，政府应结合当前国民经济和社会发展的总体需求和形势变化，对我国高技术产业发展的战略、原则、目标和任务、发展重点及政策措施等逐项进行落实，形成可向社会发布的框架性文件，以指导全国的高技术产业发展。

6.4.4　建设高素质的高技术产业管理人才队伍

高技术产业管理的主体是从事高技术产业管理活动的管理人员。提高政府高技术产业管理创新能力的关键，是提高高技术产业管理人员的素质。在中国已经加入 WTO、世界科技竞争日趋激烈的形势下，进一步提高高技术产业管理人员的素质，建设一支高素质的高技术产业管理人才队伍，便成为新时期提高政府高技术产业管理创新能力的重中之重。首先在高技术产业管理人员的选拔与任用上，由于高技术的产生与发展有其特殊的规律性，所以，对高技术领域内事务的管理，不仅要遵循一般的管理原则，更要尊重高技术事务自身的特殊规律。因此，应重点选拔那些既了解高技术发展一般规律，具有高技术研发创新工作经历，同时，又懂现代管理理论与技术的人员参与到高技术产业管理队伍中来。其次，在业务培训方面，应当通过对高技术产业管理人员进行管理理论和实践等方面的业务培训，使其不仅具有扎实的基础知识，而且掌握一定的实践管理技能，不断培养其大局意识和开拓创新意识，增强其对高技术产业发展的最新动向、国家宏观政策等的判断能力和领导决策能力。再次，在考核与评估方面，应当改变以往单纯依据高技术成果或专利数多少为标准评优劣的做法，将高技术成果转化及其对社会经济的贡献率以量化的形式引入高技术产业管理考核体系。同时，结合激励机制，将考核结果与管理工作人员的工资和职务晋级挂钩，调动其工作热情。最后，各级各类政府高技术产业管理部门，可以充分利用发展中国家的后发优势，通过定期互访、互派研究人员、共享数据、共同发表论文、参加国际学术会议等各种形式，积极地参加国际交流与合作活动，拓宽高技术产业管理人员的知识面和眼界，促进高技术产业管理创新。

中国政府高技术产业管理创新

第7章 中国政府高技术产业管理创新的理论探讨与展望

当前，社会发展越来越成为一个复杂的高度自组织过程，创新正是促进这一复杂系统加速运作的核心机制。区别于传统的通过科学发现、技术发明逐步实现企业乃至产业升级发展，进而带动社会经济水平提高的单线式发展路径，当代创新作用于社会发展的方式已经完全改变，各个创新领域、各种创新形式之间的相互关联程度越来越高，社会发展整体水平的提高已经不可能仅仅通过某项技术的发明创造来实现，而往往是知识、技术、制度、管理、组织、观念、文化等各种创新行为和过程交互作用、彼此渗透和相互融合的结果，表现为各种创新形式的相互渗透和融合。技术与制度创新的内在相关程度越来越紧密，一般对创新的知识、技术、管理、组织等领域的区分只具有相对的意义，政府在不断增加各种创新实践之间的联动效应中，发挥着重要的协调和推动作用。

纵观世界各国高技术及其产业发展历程，政府无一例外地起着十分重要的作用。我国是一个初步建立市场经济体制的发展中大国，发展高技术产业起步较晚。在经济全球化的竞争中，要充分发挥后发优势，实行引进消化国外先进技术与自主创新相结合，实现高技术产业的跨越式发展，在某些领域缩小与先进国家的差距，在某些领域接近、达到、甚至超过先进国家的水平。充分发挥政府的领导、规划和协调作用是极其重要的，这也正是我国的优势所在。但在发挥政府作用的过程中，政府与市场的关系、政府职能的动态调整、政府产业政策体系等，是值得进一步探讨的问题。当前技术全球化已经开始显现，高技术产业的竞争特点、技术发展的全球化趋势等对政府高技术产业管理创新提出了新的挑战，研究政府高技术产业管理创新是一项长期的任务。

7.1　高技术产业发展中政府与市场的关系探讨

从政府与市场关系的不同理论看，政府职能可能存在两种极端的状况：一种极端是政府大包大揽，做了一些不该做的事，即政府越位；另一个极端是政府没有做它应该做的事，即政府缺位。这两个极端都会导致高技术产业发展中政府与市场关系的失调，高技术产业发展运行效率低下。然而在现实中，政府职能往往是两个极端之间的合理定位，即在通过市场机制进行配置资源的基础上，政府发挥宏观调控的职能作用，是一种干预适度、有限有效的模式。在高技术产业发展过程中，从政府和其他高技术产业组织的关系看，与高技术产业发展中政府职能的越位、缺位、有限有效三种状况相对应，分别存在包容型、并行型和交叉型三种政府职能模式。一定条件下有限有效型政府职能模式，是同现代市场经济体制相适应的高技术产业发展中的最佳政府职能模式。这种介于两个极端之间的最佳职能模式，并非是一成不变的固定模式，往往会因不同国家、不同区域、不同条件而在政府—市场关系方面呈现多样化的形态。在高技术产业发展过程中，政府与市场关系总体上需要和谐一致，需要保证高技术企业的创新主体地位，保证有一个完善的市场体系、适度的政府宏观调控，等等的前提下，政府与市场的关系可以在不同情况下具体表现出多种形态的关系。

政府与市场的共生关系。在实施市场经济体制的社会中，市场作用是基础性的、政府作用是调控性的，政府与市场并不存在孰要孰不要的问题，而是孰先孰后、孰重孰轻的问题[136]。政府与市场都是社会所必需的，呈现一种共生状况。

政府与市场的互补关系。政府与市场，各自作为一种经济协调方式，在许多场合两者是相互补充的[137]。高技术产业发展过程中的许多问题，无论是宏观还是微观领域，都需要政府与市场相互配合才能够较好地加以解决。一定条件下，政府可以弥补市场不足、纠正市场失灵，市场可以帮助政府提高调控效率[138]，二者之间的互补能够较好地解决高技术产业发展中遇到的问题。

政府与市场的替代关系。一定条件下，政府与市场存在替代选择：一方面政府能够通过立法和行政手段以及各种经济政策，改善和扩大市场的作用，如建立和保持市场秩序、规则，维持币值稳定、区域总量均衡，为高技术产业创造良好的环境，等等；另一方面市场力量在改善政府效率时也能发挥重要作用，比如在政府控制的公共产品领域引入市场竞争，有利于改变其低效率运行状态，使得政府调控高技术产业效率更高[139]。

需要指出的是，在实现高技术产业活动的不同功能时，政府与市场存在互补关系；在实现高技术产业的同一资源配置功能时，由于存在不同的交易成本，根据交易成本的变化规律，政府与市场存在替代关系。替代性交易制度安排及其变革是否合理，仍然以这种制度所带来的交易成本（可以根据逻辑推理、和不同制度安排的经济效果比较，做出主观价值判断）高低来判断[140]。

市场经济体制中，市场机制是基础性的，或者说是一种主导性的高技术产业资源配置方式。因此，政府干预高技术产业活动，决不是简单的替代、否定市场机制的作用，而是尽可能优化市场机制的作用。并且政府的干预调节应始终保持"与市场一致原则[141]"。即使是政府垄断经营的行业，也要尽可能地引入市场竞争提高效率，使政府干预方式合理、有"度"。干预过"度"、干预不足都使得市场偏差得不到纠正，破坏了市场的正常运行[142]。所以，高技术产业发展中的政府职能模式既不能越位，也不能缺位，而应该是有限有效型的。

我国高技术产业管理模式发展的方向是：市场将进一步发挥它的主导作用，而政府主要进行高技术产业的战略性推动，当企业规模和竞争力发展到一定程度时，政府就要进行战略性退出，使企业直接面对竞争的环境。政府必须下决心将我国高技术企业推向市场经济以及世界竞争的洪流中，让企业作为竞争的主体，使企业经受市场竞争的磨炼，逐渐成长起来，壮大自己的实力。

7.2　高技术产业发展中政府职能的动态调整探讨

　　在高技术产业发展过程中，应按照有利于高技术产业健康发展的标准，及时进行政府职能的调整优化，并且这种调整和优化要有一系列的制度和程序来保障。例如，一定时期内政府采购对硅谷与 128 公路地区高技术产业的发展产生了不同的影响。这说明，经常进行政府职能行为的调整优化，并给予制度和程序保障是非常必要的。

　　毋庸讳言，政府采购对硅谷和 128 公路地区技术创新、企业发展起到了重要的作用。但是，由于在很长一段时期内，128 公路地区政府采购数量与硅谷相比较多、而风险投资较少（如图 7.1 所示），由于政府的合同风险低、收益高，而市场竞争则对创新能力要求高，从而使得 128 公路地区养成了依赖政府，而不是在市场竞争中求发展的习惯。正是政府采购行为的长期失范，没有及时调整，对 128 公路地区的高技术产业发展产生了消极影响。政府行为对 128 公路、硅谷高技术产业发展的影响对比分析如表 7.1 所示。

表 7.1　政府行为对 128 公路、硅谷高技术产业发展的影响对比分析

政府行为及其影响	128 公路地区	硅　谷
第二次世界大战、"冷战"期间政府巨额军事航天经费	MIT、哈佛是主要的受益者：技术、人才的储备汇集	斯坦福、伯克利是主要的受益者：技术、人才的储备汇集
第二次世界大战、"冷战"期间政府军事研究与订货	刺激了经济、依赖于军事订货，大量的民品没有得到重视	军事订货份额小，半导体产业发展起来
政府作用及其效应	政府采购促进了产业的一时兴旺，园区发展致力于建立并保持与政府之间的密切关系，走依赖性发展道路	依靠自身开发产品、开拓市场，而不依赖政府，克服了技术或产品的单一性，走自主发展的道路

续表 7.1

政府行为及其影响	128 公路地区	硅 谷
政府影响下的发展方式	寻求政府购买、财力支持，而不是着力寻求自主发展，形成了不支持高绩效创新体系的结构和发展模式	依靠创新求发展，形成相互间合作的习惯。地方政府仅仅是创新体系运行的一方面推进力量，创新体系各方面力量都得到最大限度调动
政府影响下的发展模式	军事色彩、强调保密、宝塔形组织结构；上下游活动内部化，盛行传统，自我封闭，强化了自我依赖性	企业形成与社会、大学、科研机构之间创新一体化网络合作关系，是地区集体创新和互动学习模式
法律环境	日益官僚化，鼓励长期或终生服务于一个企业的法律，限制了新生企业的成长	加州并未像其他州那样过于严格地执行商业秘密保护法防止跳槽泄密

资料来源：唐更华，等. 硅谷高科技产业化的 10 大借鉴［M］. 深圳：海天出版社，2002：21-106.

　　高技术产业发展存在其内在的规律，生产要素的流动、聚集和配置效率是形成有利于高技术产业发展的产业环境的核心和基础，产业政策和制度是高技术产业演化的主导因素，政府在我国高技术产业的发展过程中起着重要的作用，而且随着高技术产业的发展，政府在高技术产业发展中的角色和作用也要随之变化[121]。政府在高技术产业管理过程中，其管理方式和内容，不仅应当随着高技术产业发展的不同阶段而做出相应的调整，而且在产业发展的各个阶段内也应当根据高技术产业发展的规律及要求加以动态的调整，以更好地促进高技术产业的发展。

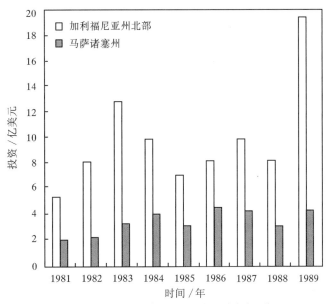

（a）1981—1989 年加州和马州的风险资本投资

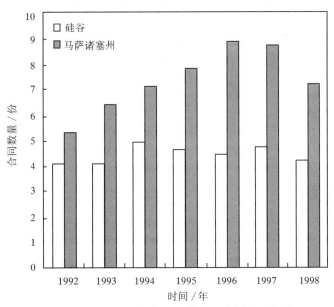

（b）1982—1988 年硅谷和马州获得国防部主要合同

图 7.1　政府还是市场：硅谷、128 公路地区的比较

资料来源：安纳利·萨克森宁 . 硅谷优势［M］. 上海：上海远东出版社，2000：120-123.

7.3 政府高技术产业政策体系探讨

随着我国高技术产业的发展，高技术产业政策目前正形成一个庞大的体系。纵向以宏观、中观、微观涉及三大层次，横向以高技术需求、供给、成果转化、最优化的划分形成了以优惠、发展、协调等为主的各项政策。这些政策为我国高技术产业的发展提供了重要保证，也有效地提高了我国高技术产业的国际竞争力。但我们也看到，目前高技术产业政策主体复杂、层次多样、涉及面广、作用效力泛化。其表现为：一是政策体系尚不健全，现有的政策中，往往在政策的选择上是对某一个具体政策进行筛选而最终确定，而并非对某些相对独立的多种政策相对比进行选择。政策一旦确定，很少有机会再分析政策的作用效力，采取相应的调整政策；二是政策作用机制尚未形成，现有的政策均在各自独立地发挥作用，作用的综合效力未能真正体现出来；三是政策协调性有待加强。目前，我国的高技术产业发展政策种类繁多，其政策解释权所属各异，因而这些政策间亦缺乏相互沟通、相互协调。总之，各地区运行的高技术产业政策没有形成相互配套、相互衔接的体系，没有形成以高技术政策为支撑的发展机制，从而以发展机制为基础构成高技术运行组织结构与体系。所以，发展高技术产业不容忽视高技术产业政策体系的建立和完善。

当前，我国正处于经济转轨过程中，构建政府高技术产业政策体系，大致要考虑以下三个方面：首先，在经济转型过程中，政府高技术产业管理行为既要区别于新古典的视政府为仁慈的社会福利最大化者的观点，又区别于超自由主义者认为政府在本质上是侵犯私人产权的观点，应当把政府明确看作一个参与高技术产业创新及发展的非常重要的一分子，即它是一个重要的参与者；其次，要充分考虑转型国家在高技术产业发展中市场机制相对缺乏，而政府的参与基础必须以市场机制的有效作用为前提，在市场发育不完全或是市场机制自发运行所需要的条件部分扭曲的情况下，政府要主动地培育市场和模仿市场，而不是排斥市场；再次，转型国家要追赶市场发达国家，转型国家的政府必须采取适合本国国情的产业发展战略。以此为逻辑出发点，加强我国高技术产业政策体系建设应当从以下两方面着手：

首先，纵向上，宏观—国家战略层面，政府应按照"有所为，有所不为"的原则，根据我国实际国情及高技术产业发展的现实状况，选择我国具有相对优势并且对于国家发展具有重要意义的战略产业重点发展；中观—产业层面，应当注重产业集群的培育、注重高技术产业对传统产业的升级改造；微观—企业层面，要克服科技与经济相分离的缺点，不仅使企业成为技术攻关的主体，还要使企业成为研究的主体。美国等发达国家的众多跨国企业就是基础研究与技术开发的主导力量。一般来说，企业不愿（因为没有可看见的收益）也不能（因为缺乏资金）从事长期的基础性研究，但 Diana Hicks 认为，研究是可以产生知识资本的一项投资。今天的企业应该进行长期基础研究，原因在于：第一，长期研究远远超越问题解答和试验的范围，它寻求创造新的财富之源；第二，统计数据表明，技术与科学之间存在联系，这一点可以从专利中的科学引文发现；第三，长期研究还有助于招募到高质量的技术人员；第四，可以产生有专利价值的重大发现；第五，加入技术—科技共同体；第六，公司在基础研究上的支出越多，其生产率增长越大[143]。我国企业尚处在规模小、技术水平低的发展阶段，还不大可能进行基础性技术研究，但科学研究是技术成果之源，长期下去，我国的技术竞争力以至于经济竞争力是不可能得到提高的。因此，国家应该制定相应政策，防止短视和短期行为。此外，过去政府的立法和政策过多地企图从外部给企业以推动，这在高技术产业萌芽时期是很有效的措施，在高技术产业的成长和成熟阶段则使外部推动的效率呈现出递减的趋势。这就需要政府制定政策引导企业，促使企业产生高技术产业发展的内在动力。

其次，横向上，高技术产业政策体系的具体内容可以从高技术成果需求、促进高技术成果供给、加快高技术成果转化、实现高技术成果整体优化四个方面给予体现。加大高技术成果供给政策可涉及高技术投入政策、计划政策、创新政策、技术出口政策、出口关税政策等，促进高技术成果转化政策包括金融信贷政策、税收政策、工资政策、知识产权政策、技术转移政策、企业技术支持政策等，拉动高技术成果需求政策，主要体现于产业政策、投资政策、技术进口政策、政府购买政策、进口关税政策、企业科技进步政策等，实现高技术成果整体优化政策主要有人力资源政策、信息市场政策、技术市场政策、风险投资政策、科技服务政策、专利政策等。

总之，从政策体系的内容看，包括投资政策、税收政策、金融政策、涉外政策、专利政策、人才政策及舆论宣传政策，等等。这些政策的制定及实施又涉及众多的部门和单位，因此，要着力解决好政策体系中纵向与横向、时间与空间的关系。从空间看，要选好建立高技术产业开发区的区位，既要考虑现有的基础，又要考虑有利于整个社会经济的运行与长远的发展。从时间看，既要有短期政策，以便扶持高技术产业有新的突破，同时也要有中期和长期政策规划，以利于高技术产业进一步完善和发展，即不仅要有总目标，又要有阶段目标。纵横交错、时空结合，形成一套具有中国特色的完整的政策体系[144]。

7.4　中国高技术服务业发展现状及对策探讨

高技术服务业是在经济全球化和进入知识经济时代的大背景下出现的。高技术服务业是指以网络技术、信息通信等高新技术为支撑，且技术关联性强，以提供高科技含量和高附加值的技术（知识）密集型的产品、服务为主，且兼顾了高技术产业和知识型服务业优势的一种高端服务业态，是现代服务业与高新技术产业在社会经济发展过程中，相互渗透、相互交叉、相互融合，逐步发展形成的新兴产业。

自 20 世纪 90 年代以来，在经济全球化和信息化浪潮的推动下，全球产业结构开始从"工业型经济"向"服务型经济"转型，高技术服务业在社会经济中的地位和作用与日俱增。在美国，高技术服务业中的信息服务业、金融服务业、教育培训业、专业服务业、商务支持产业的总量已经超过 4 万亿美元，占美国经济总量的 32%[146]。在英国，75% 的信息技术硬件费用来自于服务业，信息技术革命正使技术密集型服务业不断增长。

服务业有时还是技术的创新者，他们开发出了许多新的信息技术服务，如无线互联和地理信息（3S）等，高技术服务业在技术创新的产生和扩散中起到了重要的作用[146]。

在中国，高技术服务业一词最初出现在《2003 年度科技型中小企业技术创新基金若干重点项目指南》中，在 2007 年国家发展和改革委员会发布的《高技术产业发展"十一五"规划》中，高技术服务业已被明确列入八大高新技术产业中。2011 年3 月，《中华人民共和国国民经济和社会发展第十二个五年规划纲要》明确指出，要"培育壮大高技术服务业"，表明国家已将高技术服务业提到了战略高度予以重视。

2008 年，国家科技部、财政部、国家税务总局共同发布的《高新技术企业认定管理办法》中将高技术服务业列入"国家重点支持的高新技术领域"之中，明确了高新技术服务业主要包括以下 10 个方面。

（1）共性技术

具有自主知识产权、面向行业特定需求的共性技术，包括：行业共性技术标准研究、制定与推广业务，专利分析等。

（2）现代物流

具备自主知识产权的现代物流管理系统或平台技术，具备自主知识产权的供应链管理系统或平台技术等。

（3）集成电路

基于具有自主知识产权的集成电路产品专有设计技术（含掩模版制作专有技术），包括：芯片设计软件、IP 核、布图等，提供专业化的集成电路产品设计与掩模版制作服务；基于具有自主知识产权的集成电路产品测试软、硬件技术，为客户的集成电路产品（含对圆片和半成品）研发和生产提供测试；基于具有自主知识产权的集成电路芯片加工及封装技术与生产设备，为客户提供圆片加工和封装加工。双列直插（DIP）、金属封装、陶瓷封装技术除外。

（4）业务流程外包（BPO）

依托行业，利用其自有技术，为行业内企业提供有一定规模的、高度知识和技术密集型的服务；面向行业、产业以及政府的特定业务，基于自主知识产权的服务平台，为客户提供高度知识和技术密集型的业务整体解决方案等。

（5）文化创意产业支撑技术

具有自主知识产权的文化创意产业支撑技术，包括：终端播放技术、后台服务和运营管理平台支撑技术、内容制作技术（虚拟现实、三维重构等）、移动通信服务技术等。仅仅对国外创意进行简单外包、简单模仿或简单离岸制造，既无知识产权，也无核心竞争力，产品内容涉及色情、暴力、意识形态、造成文化侵蚀、有害青少年身心健康的除外。

（6）公共服务

有明显行业特色和广泛用户群基础的信息化共性服务，包括：客户信息化规划咨询、信息化系统的运行维护、网络信息安全服务等。

（7）技术咨询服务

信息化系统咨询服务、方案设计、集成性规划等。

（8）精密复杂模具设计

具备一定的信息化、数字化高端技术条件，为中小企业提供先进精密复杂模具制造技术、设计服务（包括汽车等相关产品高精密模具设计等）。

（9）生物医药技术

为生物、医药的研究提供符合国家新药研究规范的高水平的安全、有效、可控性评价服务。包括：毒理、药理、药代、毒代、药物筛选与评价，以及药物质量标准的制定、杂质对照品的制备及标化；为研究药物缓、控释等新型制剂提供先进的技术服务、中试放大的技术服务等。

（10）工业设计

能够创造和发展产品或系统的概念和规格，使其功能、价值和外观达到最优化，同时满足用户与生产商的要求。

2011 年 2 月，国家统计局《高技术服务业发展现状研究》课题组最新研究报告显示，我国高技术服务业呈较快发展态势，但仍存在行业规模和企业规模偏小、内资企业竞争力不强等问题。

报告分析了我国高技术服务业的发展现状，主要包括以下几个方面。

第一，我国高技术服务业呈较快发展态势。截至 2008 年底，我国高技术服务业法人单位和从业人员分别达到 32.95 万家和 732.01 万人，分别是 2004 年的 1.6 倍和 1.4 倍；2008 年，我国高技术服务业拥有固定资产 3.2 万亿元，是 2004 年的 1.6 倍；实现总收入 2.8 万亿元，是 2004 年的 2.2 倍。其中，软件业、计算机服务业发展优势明显。2004—2008 年期间，软件业从业人员所占比重由 7.9% 提高到 11.9%，固定资产由 1.4% 提高到 2.3%，总收入由 8.9% 提高到 10.5%；计算机服务业从业人员所占比重由 6.2% 提高到 10.0%，固定资产由 1.3% 提高到 2.4%，总收入由 7.5% 提高到 8.7%。

第二，我国高技术服务业分布相对集中，从行业来看，主要集中于电信和其他信息传输服务业，其收入所占比重为 36.5%；从地域来看，主要集中在我国东部地区。2008 年，东部地区高技术服务业企业共 17.5 万家，占全国的 66.3%；从业人员 369.3 万人，占 65.1%；实现主营业务收入 17404.7 亿元，占 73.7%。北京、广东、上海高技术服务业企业数占全国的比重分别为 13.6%、9.9% 和 9.1%；从业人员所占比重分别为 14.9%、11.5% 和 8.7%；主营业务收入所占比重分别为 24.4%、11.5% 和 9.0%。三个地区主营业务收入占全国的近一半。

第三，高技术服务业的资本构成以国家资本和法人资本为主，但比重正在下降，个人资本、集体资本和港澳台资本比重上升。2008 年实收资本中，国家占 35.7%，集体占 2.2%，法人占 25.1%，个人占 15.1%，港澳台占 11.4%，外商占 10.5%。4 年间个人和港澳台资本对全行业资本增长的贡献率分别达到 22.4% 和 18.7%。内资企业是高技术服务业企业的主体，且收入和利润的分布相对集中。2008 年，全行业实现主营业务收入 23982 亿元，其中内资企业 16548 亿元，所占比重为 69%。主营业务实现利润 7363 亿元，其中内资企业 4370 亿元，所占比重为 59.3%。分行业看，除电信和其他信息传输服务业中内资企业的主营业务收入所占比重略低于 50% 以外，其他行业都在 60% 以上，其中，研究与试验发展业、专业技术服务业、地质勘查业所占比重都在 80% 以上。

第四，我国高技术服务业发展中尚存在一些问题，主要有：一是行业规模和企业规模仍偏小。行业规模在第三产业中的比重仍然偏小。多数高技术服务业企业都属于小型企业。二是内资企业竞争力不强。内资企业虽然是我国高技术服务业企业的主体，但其盈利能力却较低，说明其市场竞争力要弱于外资和港澳台资企业。三是存在高端人才不足、地区发展不平衡、内部结构不尽合理等问题。

因此，在今后我国高技术服务业的发展过程中，还应进一步完善促进相关行业优先发展的产业政策，协调地区之间均衡发展的扶持政策，鼓励引进高端人才的优惠政策，加大金融支持的投融资政策等，为高技术服务业健康发展营造良好的政策环境和市场环境[148]。

中国政府高技术产业管理创新

结　论

　　当今世界，以信息技术产业和生物技术产业为代表的高技术产业迅速崛起，已经成为世界经济增长和社会发展的关键力量。同时，高技术产业的发展和应用还关系到国家安全和人民的福祉。因此，发达国家以及越来越多的发展中国家都把促进高技术及其产业发展作为国家经济发展的战略重点，并开始关注和探讨政府在高技术产业发展过程中的作用和职能。

　　政府高技术产业管理的职能可以从两个角度进行分析，一是从静态角度分析。政府高技术产业管理职能包括要素配置的调节职能、需求调节和政策优惠职能、战略规划和组织协调职能、对高技术企业的孵化职能、法律制度的供给职能、政府高技术产业管理的"经济、科技、教育一体化"职能和国家经济安全保障职能。二是根据高技术产业在其发展生命周期不同阶段的特点和需求，从动态的角度对政府职能进行分析。在高技术产业的形成期，为了推动高技术产业有序化发展，政府应制定本国的高技术产业发展规划，进行重点扶持，并制定各项优惠政策以引导企业进行高技术创新活动，促进高技术产业的发展。同时，逐步建立适应于高技术产业发展的政策法规环境。在高技术产业成长期，政府职能以扶植、鼓励为主，协调为辅，以提供信息、增强市场竞争功能为主要职责，重点在于促进或补充民间部门的协调能力，提高国家创新能力。在高技术产业的成熟期，政府职能以引导、服务、监督为主，主要是维护市场秩序，提供各种服务，进一步完善高技术产业的政策法规体系。政府的高技术产业政策主要是以功能性政策为主。在高技术产业的衰退期，政府职能主要是重新界定高技术产业，完善退出机制，创造有利于创新资源自由流动的良好机制和环境。对于政府高技术产业管理职能的动态分析，有助于提高政府高技术产业管理的针对性和有效性，促进高技术产业的发展。

高技术产业具有不确定性，这些不确定性主要体现在技术创新的不确定性、收益的不确定性和制度环境方面的不确定性等方面。这些不确定性导致在技术创新过程中存在巨大的风险，企业为了规避风险导致技术创新受阻，因此需要政府的干预。而政府的干预应当建立在针对现实问题的基础上并能够适应高技术产业不确定性带来的变化，因此，政府的高技术管理应当实现不断地创新。高技术产业与其他产业一样，遵循产业生命周期规律，依次经历新生期、成长期、成熟期和衰退期。高技术产业在发展的不同阶段有不同的特点，对政府的职能需求也相应有所不同。因此，政府高技术产业管理不能因循守旧，一成不变，而应当遵循产业发展的生命周期规律，实现动态的管理创新。市场机制固有的不确定性及配置的失效，制约高技术产业的发展，同时，高技术产业的战略性无法在纯粹竞争的市场上反映出来的。在纯粹竞争的市场条件下，发展高技术的实际供给往往达不到与其战略性相符的水平。这时，政府应该从全局的高度和长远的目标出发，创新管理手段，增加有效供给，弥补市场在资源配置方面的失灵。世界经济发展的全球化和信息化进程逐步加快，各国政府高技术产业管理创新逐步推进，高技术产业对人类文化和价值观念的影响日益壮大，高技术产业创新国际合作趋势逐渐明显，这些新情况对政府高技术产业管理提出了新的挑战，这也促使政府进行高技术产业管理创新。高技术产业对一国国际竞争力的提高具有决定性的作用。要取得高技术产业的国际竞争比较优势，不只是企业行为的自然扩张和技术变革的内在推动，还必须借助政府高技术产业管理行为的扶持、引导、服务与规范等能动形式，整合高技术产业所有市场行为主体的创新能力，形成国家创新体系与创新能力，推动高技术产业的可持续发展。因此，为提高综合国力，促进国民经济发展，提高高技术产业的国际竞争力，有必要实现政府高技术产业管理创新。

高技术产业是建立在知识和技术创新基础上的，而知识和技术创新具有准公共产品的性质，从根本上说就是非排他性、非竞争性和知识的外溢和共享以及技术的溢出和扩散，这种外溢与扩散往往是非自愿的，进而导致了"市场失灵"，即非效率的存在。同时，政府高技术产业政策失灵和政府对高技术创新的过度干预，也会导致"政府失灵"。因此，政府通过管理创新，以必要的手段影响高技术产业发展，所要达到的最终目标不仅应当包括克服市场失灵，还应当包括克服政府失灵。在克服两个"失灵"的基础上，实现提高两种"竞争力"，即政府高技术产业管理竞争力和高技术产业竞争力。

当前，我国政府的高技术产业管理存在着政府高技术产业管理错位、相关政策不完善、相关法律法规不健全、资源配置效率不高等问题。西方政府高技术产业管理的成功经验，如制定高技术产业规划、建立多元的科技投入机制、注重提高企业创新能力、培养开发高技术人才和开展国际科技合作等，为我国政府实现政府管理创新提供了重要的参考。我国政府应当通过创新高技术产业管理理念、创新高技术产业管理体系、创新高技术产业管理手段和建设高素质的高技术产业管理人才队伍等措施实现政府高技术产业管理创新，提高我国政府高技术产业管理竞争力和高技术产业国际竞争力。

参考文献

[1] 韩经纶.全球商战大观:一场不流血的世纪之战[M].天津:天津社会科学院出版社,1994.

[2] 中华人民共和国科学技术部.国际科学技术发展报告 2005[M].北京:科学出版社,2005.

[3] 徐顽强,廖少刚.政府在高新技术发展和创新中的功能分析[J].江汉论坛,2004(10):23-25.

[4] 邓楠.我国高新技术产业发展面临三大挑战[J].高技术,2005(6):10.

[5] 中国科学院.2005 高技术发展报告[M].北京:科学出版社,2005.

[6] 郭励弘,张承惠,李志军.高新技术产业:发展规律与风险投资[M].北京:中国发展出版社,2000.

[7] 王滨.科技革命与社会发展:马克思主义科技与人文新视野[M].上海:同济大学出版社,2003.

[8] 未玉.高技术与高技术产品(ATP)[J].中国科技信息,1994(12):6.

[9] 杜小滨.关于高技术及相关概念的分析[J].合肥工业大学学报:社会科学版,2004(6):110-113.

[10] 冯契.哲学大辞典[M].上海:上海辞书出版社,2001.

[11] 陈凡.技术社会化引论:一种对技术的社会学研究[M].北京:中国人民大学出版社,1995.

[12] 《我国高技术产业分类与发展状况研究》课题组.对高技术产业相关概念的基本认识[J].中国统计,2003(3):12.

[13] 王雨生.中国高技术产业化的出路[M].北京:中国宇航出版社,2003.

[14] 璐羽.科技政策词汇[M].北京:中国标准出版社,2001.

[15] 姜振寰,吴明泰,王海山.技术学辞典[M].沈阳:辽宁科学技术出版社,1990.

[16] 李艳林.高技术与高新技术之区别及中国的战略选择[J].科学学与科学技术管理,1995(2):38.

[17] 盛刚.高技术产业与高技术产品[J].科学学与科学技术管理,1999(5):36.

[18] 胡艳,吴新国.对高新技术产业定义的理解[J].技术经济,2001(3):23.

[19] 中国科技促进发展研究中心.我国高技术产业界定方法的研究(研究报告)[R]. 2000.1.

[20] 刘爱君.中国高新技术产业发展中的公共政策研究[D].中国社会科学院研究生院,2002:22-38.

[21] Shelley L. Rogers. Impact of Government R&D Spending and the Bifurcating Labor Market on High Technology and Higher Education[J]. Technological Forecasting and Social Change,1993(44):59-67.

[22] Paul Krugman. Technology and International Competition: A Historical Perspective[A]. Martha Caldwell Harris and Gordon E. Moore (eds.), Linking Trade and Technology Policies[M]. Washington, D. C.:National Academy Press, 1992.13.

[23] Alberta Chamey and Julie Leones, Impact of High Technology Industry on the Arizona Economy[M].Tucson,AZ:University of Arizona, 1995.9.

[24] 国家统计局,等.中国高技术产业统计年鉴(2002)[M].北京:中国统计出版社, 2003.

[25] 臧新.从新贸易理论看高技术产业中的政府干预[J].东南大学学报:哲学社会科学版,2002(5):40,41.

[26] Paul. R. Krugman. Strategic Trade Policy and the New International Economic[M]. Cambridge,MA:The MLT Press,1986.89.

[27] 吴敬琏.发展中国高新技术产业:制度重于技术[M].北京:中国发展出版社, 2002.

[28] 何添锦.高技术产业发展与政府职能[J].华东经济管理,2004(3):78,79.

[29] 贺军,毕先萍.论高技术产业化中的政府角色安排[J].经济评论,2001(6):42.

[30] 周赵丹,刘景江,许庆瑞.高技术产业发展与政府作用的动态定位研究[J].科技进步与对策,2002(10):31-33.

[31] 刘庆君,赵伟,罗萍.我国高技术产业发展对策探讨[J].特区经济,2005(5):80.

[32] 罗双临.试论政府在建立高技术竞争优势中的作用[J].现代财经,1998(4):18, 41.

[33] 熊彼特.经济发展理论[M].北京:商务印书馆,1990.

[34] 李玉虹,马勇.技术创新与制度创新互动关系的理论探源:马克思主义经济学与新制度经济学的比较[J].经济科学,2001(1):87.

[35] 王伟光.创新论[M].北京:红旗出版社,2003.

[36] 夏书章.政府管理创新需要创新能力.中国(广东)政府管理创新国际研讨会发言稿.2005.

[37] 刘靖华,等.政府创新[M].北京:中国社会科学出版社,2004.

[38] Michael Duggett. The Government Innovation in Public Administration. International Conference on Government Management Innovation[M].Guangdong, China.2005,6.

[39] 蓝志勇.提高政府效率和效益的创新战略.公共政策与政府管理创新国际学术研讨会发言稿.2004.

[40] 秦国民.论政府管理创新的价值取向[J].人民论坛,2005(1):80.

[41] 谢庆奎.政治改革与政府创新[M].北京:中信出版社,2003.

[42] 何增科.基层民主和地方治理创新[M].北京:中央编译出版社,2004.

[43] 李习斌.政府管理创新是一个具有层次结构的体系[J].党政干部论坛,2003(10):4.

[44] 王强,陈易难.学习型政府:政府管理创新读本[M].北京:中国人民大学出版社,2003.

[45] 冯静.经济全球化对政府管理创新的要求及对策[J].中国行政管理,2002(12):6.

[46] 郭峰,尚天晓.在WTO背景下对政府管理创新内涵的再认识[J].聊城大学学报,2004(2):170.

[47] 成思危.论政府经济管理创新中的几个问题[J].经济界,1999(5):4-5.

[48] 郭秀君.加入WTO与中国宏观经济管理创新[J].社会科学辑刊,2002(6):65-70.

[49] 杨力.科技创新与科技管理创新互动关系论[J].湘潭大学学报:哲学社会科学版.2004(5):165-168.

[50] 栾维东,高杰,张春华.科技管理创新的思考[J].研究与发展管理,2001(6):67-70.

[51] 秦勇,冯记春.浅谈科技管理创新[J].科学学与科学技术管理,2001(5):5-6.

[52] 李丹,孙萍,宫国鑫.论政府科技管理创新能力建设[J].辽宁行政学院学报,2006(5):8.

[53] 斯蒂格利茨.经济学[M].北京:中国人民大学出版社,1997.

[54] 世界银行.1997年世界发展报告:变革世界中的政府[M].北京:中国财政经济出版社,1997.

[55] 休·史卓顿,莱昂内尔·奥查德.公共物品、公共企业和公共选择[M].北京:经济科学出版社,2000.

[56] Chris Freeman. The Economics of Industrial Innovation[M]. Cambridge, MA: The MIT Press, 1982.

[57] Chris Freeman. Technology Policy and Economic Performance: Lessons from Japan[M]. London: Pinter Press,1987.

[58] Patel, Pavitti. The nature economic importance of national innovation system[R]. OECD,STI 1994:14-36.

[59] Bent-Ake Lundavall. National Systems of Innovation: Towards a Theory of Innovation and Interactive Learning[M]. London: Pinter Publisher, 1992.

［60］　　Michael. Port. Competition advantage：Creating and Sustaining Superior Performance［M］. New York：Free Press,1985.

［61］　OECD：National Innovation System［R］. 1997. 12.

［62］　Michael. Gort, Steven. Klepper. Time Paths in the Diffusion of Product Innovotions［J］. Economic Journal,1982,92:630-653.

［63］　　Gerschenkron, Alexander. Economic Backwardness in Historical Respective［M］. Cambridge：Harvard University Press,1962.

［64］　Abramovitz, Moses. Thinking about Growth［M］. Cambridge：Cambridge University Press, 1989.

［65］　Brezis, E. , Krugman, et al. Leapfrogging in International Competition：A Theory fo Cgeles in National Technological Leadship［J］. American Economic Review, 1993 (12)：89.

［66］　Elhanan Helpman, Grossman, K. Innovation, Imitation and Intellectual Property Right［J］. Economics, 1991(11):1240-1241.

［67］　Rachel Van Elkan. Catching Up and Slowing Down：Learning and Growth Patterns in An Open Economy［J］. Journal of International Economics, 1996(41):95.

［68］　南亮进.日本的经济发展［M］.经济管理出版社,1992.

［69］　郭熙保.经济发展：理论与政策［M］.北京：中国社会科学出版社,2000.

［70］　陆德明.中国经济改革 20 年述评［J］.复旦学报,1998(5):68.

［71］　Arrow, K. J. The Economic Implications of Learning by Doing［J］. Review of Economic Studies,1962(29):155-173.

［72］　史世鹏.高技术产品创新与流通［M］.北京：经济管理出版社,1999.

［73］　唐华茂.高技术产业发展与创新［D］.北京：中国社会科学院,2001.

［74］　Bruce Fallick, CharlesA. Fleischman, James B. Rebitzer. Job-Hopping in Silicon Valley：Some Evidence Concerning the Micro-Foundations of a HighTechnology Cluster［M］. Staff working papers in the Finance and Economics Dicussion Series (FEDS). 2005.

［75］　雷霆.中国高新技术产业发展的制度与机制创新研究［D］.北京：中共中央党校, 2001.

［76］　V. Mole, D. Elliott. Enterprising Innovation：An Alternative Approach［M］. London：Frances Printer, 1987.

［77］　方绍伟.科斯定论对吗？［M］//现代制度经济学（下）.北京：北京大学出版社, 2003.

［78］　吴寿仁,李湛,王荣.世界企业孵化器发展的沿革、现状与趋势研究［J］.外国经济与管理,2002(12):30.

［79］　阿瑟·刘易斯.经济增长理论［M］.上海：上海三联书店,1990.

[80]　Raymond Vernon, Louis T. Wells. The Manager in the International Economy[M]. Englewood Cliffs, N J:Prentice-Hall,1991.

[81]　陈昭锋.论政府高新技术产业管理的职能及对策[J].科学管理研究,1999(1):71.66.

[82]　宋玉华.美国新经济研究[M].北京:人民出版社,2002.

[83]　刘毅,蔡昌文.高新技术发展中政府管理功能强化的思考[J].华中科技大学学报:社会科学版,2004(5):98-102.

[84]　Richard R. Nelson. Government and Technical Progress:A Cross-industry Analysis[M]. London:Pergamon press,1982.

[85]　理查德.R.纳尔逊.美国支持技术进步的制度[M].技术进步与经济理论.北京:经济科学出版社,1987.

[86]　曾方.技术创新中的政府行为[D].上海:复旦大学.2003.

[87]　蔡莉,等.高技术产业的规模发展变化规律初探[J].技术经济,1996(5):18.

[88]　张耀辉.产业创新的理论探索:高新技术产业发展规律研究[M].北京:中国计划出版社,2002.

[89]　詹姆斯·M·布坎南.自由、市场和国家[M].北京:北京经济学院出版社,1998.

[90]　蒋智华,郑玉华.发达国家产业结构调整的特点及启示[J].经济问题探索,2005(10):45.

[91]　陈昭锋.国外政府高新技术产业化需求创造的经验研究[J].世界科技研究与发展,2002(3):99.

[92]　道格拉斯·诺思,巴里·温家斯特.宪政和承诺:17世纪英国公共选择治理制度的变迁[A].吴敬琏.比较:第6辑[C].北京:中信出版社,2003:96.

[93]　J.奈斯比特.大趋势:改变我们生活的十个新方向[M].北京:中国社会科学出版社,1984.

[94]　Becker G,Murphy K. The Division of Labor, Coordination Cost, and Knowledge[J]. Quarterly Journal of Economics. 1992(11):1137-1160.

[95]　中华人民共和国科学技术部.国际科学技术发展报告2010[M].北京:科学出版社,2010:14.

[96]　傅家骥.技术创新学[M].北京:清华大学出版社,1998.

[97]　胡家勇.一支灵巧的手:论政府转型[M].北京:社会科学文献出版社,2002.

[98]　Moshe Justman and Morris Teubal. Innovation Policy in an Open Economy: A Normative Framework for Strategic and Tactical Innues[J]. Research Policy, 1986 (15):121-138.

[99]　Albert Link. Fiscal Measure to Promote R&D and Innovation [J]. Applied Economics,1991(10):81.

[100]　吴敬琏.发展高新技术产业政府能做什么[J].中国改革,2000(1):37.

[101] Paul Samuelson. The Pure Theory of Public Expenditure[J]. Review of Economics and Statistics,1954(11):387-389.

[102] H. 登姆塞茨. 关于产权的理论[M]. 财产权利与制度变迁. 上海:上海三联书店, 1994:97.

[103] Paul Herbig. Innovation Japanese Style[M]. Westport, CT:Quorum Books, 1995.

[104] G. Houttuin, Gerry Sweeney. "Venture Capitalism" and Innovation Policies[M]. London:Frances Pinter Publishers Ltd. 1985. 236.

[105] 保罗·萨缪尔森. 经济学[M]. 北京:中国发展出版社, 1992.

[106] 查尔斯·沃尔夫. 市场或政府:权衡两种不完善选择[M]. 谢旭, 译. 北京:中国发展出版社, 1994.

[107] 道格拉斯·C·洛斯. 经济史中的结构与变迁[M]. 上海:上海三联书店, 1991.

[108] 冯继康, 乔万敏. 论现代市场经济运行中的"政府失灵"及矫正[J]. 山东医科大学学报, 1997(1):54-56.

[109] 戴伯勋, 沈宏达. 现代产业经济学[M]. 北京:经济管理出版社, 2001.

[110] 金太军. 市场失灵、政府失灵与政府干预[J]. 中共福建省委党校学报, 2002(5):54-57.

[111] 丁美东. 政府规制失效及其优化[J]. 当代财经, 2001(8):17-20.

[112] 陈富良. 政府规制中的公共利益理论和部门利益理论[J]. 北京市财贸管理干部学院学报, 2000(9):48-49.

[113] 陶爱萍. 高新技术产业规制问题探讨[D]. 合肥工业大学, 2004. 35-37.

[114] Porter. M. Stern, S. , 2002. National Innovative Capacity[M]//World Economic Forum, 2002, in Porter, The Global Competitiveness Report 2001-2002, New York. 2002 Oxford University Press.

[115] 李乐. 21 世纪美国科技政策[J]. 全球科技经济瞭望 2001(5):4.

[116] 匡致远. 高技术产业国际竞争力研究[D]. 广州:暨南大学, 2001.

[117] 《中国高技术出口结构、潜力与对策》课题组. 我国科研院所高技术产品出口发展调查报告[R], 1999.

[118] Abernathy, William J. , Utterback, James M. Paterns of Industrial Innovation[J]. Technology Review, 1978(7):40.

[119] 张文春, 等. 鼓励投资和创新的税收优惠:理论与实践[J]. 税务研究, 2000(3):39-42.

[120] 施雪华. 政府权能理论[M]. 杭州:浙江人民出版社, 1998.

[121] 杨卫. 从京、沪、深高新技术产业发展的特点及演化看政府与制度创新[J]. 特区经济, 2003(10):21-23.

[122] Aley, James. The Heart of Silicon Valley[J]. Fortune, 1997(7):36.

[123] 刘辉. 政府在高新技术产业发展中的作用[D]. 长春:吉林大学, 2005.

[124] 岳晋.论创新政策在高技术产业集群中的作用[J].科学学与科学技术管理,2004(11):47,78.

[125] 王新哲.中国高科技产业化中的政府行为选择[J].统计与决策,2004(5):46-47.

[126] 萧延高,等.我国高新技术产业化的战略地位与政策环境分析[J].电子科技大学学报:社科版,2000(2):35-37.

[127] 理查德·A·斯皮内洛.世纪道德:信息技术的伦理方面[M].北京:中央编译出版社,1999.

[128] Ross C Devol. America's High-tech Economy-Growth, Development, and Risks for Metropolitan Areas[R].Milken Institute,1999.23.

[129] Griliches Z., R&D and Productivity: The Econometric Evidence[M]. Chicago: The University of Chicago Press,1998.

[130] Cohen, W. M., Levinthal, D. A.. Absorptive Capacity: A New Perspective on Learning and Innovation[J].Administrative Science Quarterly,1990(3):152.

[131] Alec Mandelson. Emergence and Growth of High-tech Activity in Cambridge[J]. Fortune,1999(9):8.

[132] 周铁农.建设创新型国家必须坚持科技自主创新[N].光明日报,2006-01-16(3).

[133] 国家发展改革委高技术产业司.2005年我国高技术产业发展展望[J].中国经贸导刊 2005(6):30-31.

[134] 吴敬琏.转轨中国[M].成都:四川人民出版社,2002.

[135] 姚林香,车文军.刍议我国高技术产业的国际竞争力问题[J].科技管理研究,2004(6):28-30.

[136] 张群群.超越二元论:对政府与市场关系的反思[J].当代经济科学,2000(6):32.

[137] 张荣昌.政府职能转变的条件探析[J].国家行政学院学报,2002(4):26.

[138] 卫兴华.市场功能与政府功能组合论[M].北京:经济科学出版社,1999.

[139] 曾峻.试论政府职能转变与市场质量的关系[J].社会科学,2000(4):52.

[140] 刘文革.政府与市场:两个定理之争[J].中国青年政治学院学报,2001(5):43.

[141] 宋世明.寻求平衡点:当前我国转变政府职能的现实选择[J].理论探讨,2000(3):49.

[142] 杜创国.经济转型期的政府职能探讨[J].地方政府管理,2001(1):22.

[143] Diana Hicks. Six Reasons to Do Long-Term Research[J]. Research·Technology Management,1999(4):8-11.

[144] 张永安,孙科.高新技术产业发展政策及效力分析[J].科学学与科学技术管理,2002(2):5-7.

［145］ W·B·阿瑟.竞争技术:总观［M］//技术进步与经济理论.钟学义,等译.北京:经济科学出版社,1992.

［146］ 王仰东,谢明林,等.服务创新与高技术服务业［M］.北京:科学出版社,2011.

［147］ 王仰东,安琴,等.我国高技术服务业发展对策研究:基于 2005—2009 年创新基金的数据［J］.科技进步与对策,2010(10):55.

［148］ 柯研.我国高技术服务业呈较快发展态势［N］.中国信息报,2011-02-14(9).

中国政府高技术产业管理创新

后 记

　　本书是在我的博士学位论文基础上修改完成的。在博士论文写作期间，我得到了诸多良师益友的帮助与支持。首先，我要感谢我的导师娄成武教授。我非常幸庆自己能够在学术研究的启蒙阶段遇到恩师。从硕士阶段开始，娄老师严谨、求实的学术风格，正直、豁达的人格魅力，锲而不舍、敢于攻坚的进取精神就深深地影响着我，并促使我实现了从不谙学术到潜心钻研的转变。我在工作和生活中的每一寸进步、每一点成绩，都浸润着导师的殷殷心血；我在思想和行动中的每一次感悟、每一粒收获，都凝结着导师的谆谆教诲。从学位论文的选题到论文结构框架的确定，直至论文最终完成付梓，我都得到了导师的精心指导和耐心点拨。导师在繁忙的学术和行政事务之暇，仍关心着我的身体健康和论文进展情况，使我深受感动。我还要感谢我的师母王玉兰女士，师母常常以亲切的问候和温暖的笑容，挥去我淡淡的乡愁；常常以积极的鼓励和及时的督促，赶走我片刻的惰怠。师恩似海，终生难忘。在此，我向导师和师母表示最真挚的感谢！

　　其次，我在学习、工作以及论文的写作过程中还得到了孙萍教授、李兆友教授、李坚教授、刘武教授的亲切指导和热情帮助。我在他们的课堂上收获了很多有用的知识，我在向他们请教的交谈和讨论中，受到了诸多有益的启发，在工作方面也得到了许多来自他们的悉心指导和帮助。在此，我向诸位教授表示衷心的感谢！

　　再次，我要感谢其他给予我支持和帮助的老师和同学，感谢文法学院院长张雷教授、杨建春书记、魏淑艳教授、司晓悦教授、杜宝贵教授、郭振中副教授、陈德权副教授、王颖副教授、王立慧博士、张晓杰博士、高进博士、王玉波博士、耿国阶博士、蒋龙祥博士、宋琳琳博士以及教学办的陈玉芬、高青、冷秀丽，办公室与我同名的小李丹妹妹、田志松，MPA 办公室的王亮、展成，像亲姐姐一样关心我的张晓雁女士，感谢他们给予我的无私帮助和热情支持，这份真诚的友谊我会永远珍惜！感谢出版社的孙锋编辑，她为本书的出版付出了大量辛勤的劳动。

在此，我还要感谢那些我引用了观点的熟识或素未谋面的专家、学者，他们的思想和智慧给了我许多启发和灵感。

最后，我要深深地感谢我的家人。他们宽厚的胸怀和深厚的爱包容了我的一切。感谢我的父母与公婆，他们的殷殷期望是我深夜苦读的动力，他们的丝丝牵挂是我克服困难的勇气，他们舒心的微笑是我勇往直前的目标。丈夫在繁忙的工作之余，时刻关心着我的写作进展，女儿天真无邪的笑脸消除了我所有的烦躁与疲惫，姐姐温馨体贴的关怀一直陪伴着我，家人的爱给了我无穷的力量，并将激励我在今后的学术研究道路上继续努力前行！

回首年少时，曾为梁启超"救国救民"的政治理想而激情澎湃，也曾为曾国藩"经世致用"的社会理念而热血沸腾。在经过学术的熏陶和生活的锤炼之后渐渐明白，老老实实做人，实实在在做事，踏踏实实做学问才是生命的真谛。正如法布尔所言"只要每天去努力改进一点点，总可以改变我对这世界的无知。"最后，谨以朗菲罗的诗句"我们命定的道路不是受难，也不是享乐，而是行动、行动，每天进步一点点"与所有关怀、教育、帮助和感动我的人们共勉！